Uber

ウーバー革命の真実

日米事業開発コンサルタント
立入勝義

Discover

はじめに

2018.04.16　6:38AM

朝。ブルックリンのホテルで朝食をとりながら、いつものように、ウーバーのアプリを立ち上げる。ニューアーク空港まで、どうやって行こうか。ただちに、推定所要時間と料金が表示される。空港まで50〜70ドルか。まぁ、それもありかな。でも、ちょっと高い。だったら、電車を乗り継いで行くか。時間は十分にある。

そう思って、朝食を続けているうちに、突然雨が降り出した。すごい雨だ。とても最寄り駅までも歩けそうもない。仕方がない。やはりウーバーを呼ぶか。で、再びアプリを立ち上げると、……おいおい、なんだ！　１００ドルだって？　さっきの倍じゃないか！

これは、ウーバーの、混雑状況や天候によって変動する需要と供給のバランスが、運賃にリアルタイムで反映される仕組みによるものだ。ダイナミック・プライシングと呼ばれる。噂には聞いていたが、まさか、これほどまでに料金が変わるとは思っていなかった。実によくできている仕組みだ。

ちなみに、曜日や時間、天候による、各地域の渋滞状況、需要と供給等のデータは、全部ビッグデータとして蓄積されていく。その結果を反映した運賃が表示される。かなりの精度で到着時間もわかる。

というわけで、ウーバーを使うことにはしたものの、時間は十分にあるというのに通常の倍以上の料金を支払うのはもったいないので、空港に行くのに便利な最寄りの地下鉄駅まで乗ることにした。それも、通常のウーバーXではなく、相乗りのウーバー・プールを使ってみることに。これは、バスのように途中で他の乗客を乗せたり降ろしたりするから時間は余計にかかるが、料金は通常のウーバーXの半額ぐらいで収まる。

で、やってきた車に、身分確認で名前を告げて乗り込むと、すでに親子連れが乗っていた。おはよう！　と、挨拶したけれど、ちょっとシャイだったたのか、ほとんど反応なし。私が乗ってから数ブロック先の小学校の前で降りていった。

なにげに運転手が確認しているスマホをのぞきこむと、追加で乗ってくる人があるという情報が表示されている。小学校の前でそのまま2分ほど待つと、次の乗客がドアを開けて入ってきた。日本のタクシーと違い、普通の乗用車なのでドアは自動ではない。そもそも自動ドアは日本だけだ。乗客が、ジョンだよ、と運転手に告げて、車は発車。

私はジョンに軽く挨拶。ジョンは社交的で、

「ハイ、元気？　今日はこれから仕事？　どこまで行くの～？　今日みたいな天気は濡れるの、嫌だよね～」と言うので、私も、

「ぼくは今日のフライトでニューアーク空港まで行くんだ」と返す。「その駅から地下鉄に乗って、ペンステーションで乗り換えだよね」

「それでいいはずだよ」

なんとも愛想のいい男だ。

駅も近くになってくると、どこの入口にするかなど、細かい指定をドライ

バーが求めてくる。こういうとき、相乗りだと、他の乗客もいろいろ教えてくれて助かる。このときも、ジョンがすかさず「この目の前の入口から入って少し歩けば地下鉄だよ」と教えてくれた。

その後も、何度か、相乗りのウーバー・プールを利用したが、こんなふうにコミュニケーションがとれると、結構楽しい。もちろん乗り合わせた人によりけりで、たまに「声かけるなよ」的オーラの人もいるが、そんなときは普通にスルーすればオッケーだ。

その日は、雨で道路状況が悪く渋滞していたが、最初にそれを見越して提示された料金のままで行くことができた。以前は違ったが、最近のウーバーは、よほどのことがない限り料金も到着時間も、事前に提示された通りだ。

支払いを車の中でする必要がないので、そのまま降りる。

降りてすぐに、料金明細とチップはどう？　という通知がくる。その画面にはドライバーを評価する仕組みも含まれるので、満点の5つ星で評価完了。そうやって、ドライバーの信頼度も記録され蓄積されていく仕組みだ。実は、ドライバーのほうも都度、乗客を評価することになっているようだ。実に、よくできている。

ちなみに、午前6時25分の時点で、目的地まで、相乗りのウーバー・プールの価格は29〜50ドル（図1）だったのが、午前7時55分の時点では、49〜88ドル（図2）まで上昇。通勤時間にかかり道路が混んできたので、料金も上がってきたのだ。

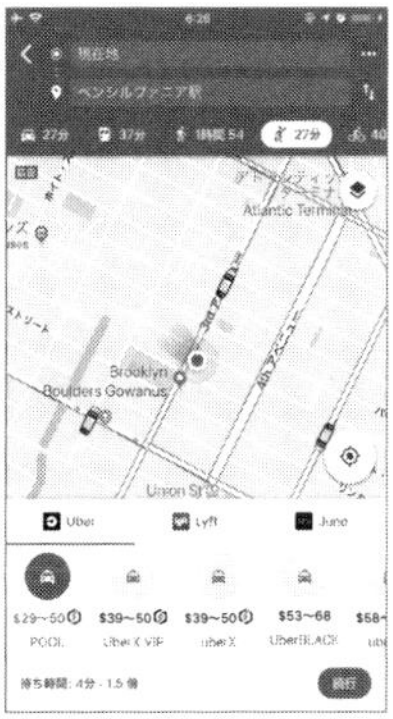

図1　午前6時25分。目的地までのウーバープールの値段は29〜50ドルだ

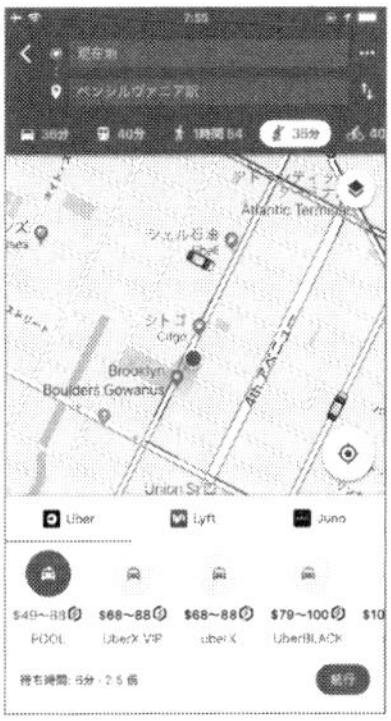

図2　午前7時55分。目的地までの値段は49〜88ドルまで上昇した

かくしてウーバーは、既存のタクシーに対して米国の人々が抱えていた不満を解消し、「かゆいところに手が届く」サービスで急速に勢力を伸ばしてきた。そして、いまやその勢いは世界各地に広がっている。競合サービスもたくさん出てきた。

今回、本書の執筆を思いついたきっかけは、日本ではいまだ本格稼働していないウーバーのビジネスモデルに感動したからだ。そして、まだ本格稼働していないにもかかわらず、日系企業が筆頭株主に名を連ねているという事実もある。

私は、米国ロサンゼルスを拠点に日米間の事業開発に関するコンサルティングを生業としつつ、北米在住の視点からの執筆活動も行っている。執筆活動としてはおもに、電子出版やソーシャルメディア、そしてアマゾンや、フェイスブック、そしてデジタル流通のプラットフォームを牛耳っているアップルが、アメリカで市場競争に打ち勝ちながら勢力を拡大していく様を追いかけ、発信してきている。

ものすごいペースで進化躍動するテック系のビジネス動向を追いかけるには、ジャーナリスト的な視点に加え、ビジネスアナリスト的な視点も欠かせない。それは現状を理解するだけではなく、数歩先を見据えることで見えてくる世界があるからである。

本書では、そのような視点からウーバーの急成長の要因と課題を分析する。もちろん、日本ではまだ一部の人にしか知られていないサービスの全貌と、その変革者としての位置づけも述べる。そこには、利用者としてだけでなく、私自身ドライバーを行ってみての体験が活かされていることも追記しておきたい。

さらには、日本国内で「ブラインドスポット」となっている部分がないかの検証も行う。ウーバーが米国で成長した背景、今後の成長課題、そして日本で同様の革命が起こる可能性があるのか、それらを各章で解説していくつもりだ。

ロスの自宅にて

立入勝義

第二章 ウーバー〝解体新書〟

ウーバーの成功を支えた四つの背景 65

第三章　投資家から見たウーバー

第四章　ウーバー体験記

ウーバー運転手をしてみた　125

第五章 ウーバーの軌跡

第六章　ウーバー日本上陸

日本に「Xデー」はやってくるのか？　207

7
7
6ZZS717

第一章　ウーバーの衝撃

米国タクシー産業に壊滅的打撃を与えたライドシェアリング

二〇一六年一月、カリフォルニア州サンフランシスコで、イエローキャブを運営するYellow Cab Cooperative, Inc.が連邦倒産法第11章（通称チャプター11）に基づく倒産申請を行ったと、ウォール・ストリート・ジャーナルが報じた。

これは日本でいう民事再生法に相当する。イエローキャブといえば、言わずと知れた全米を代表するタクシー会社だ。創業年は一九〇七年（明治四〇年）、創業地はイリノイ州にある大都市シカゴ。それまでに何度も身売りされていて、レンタル会社大手のハーツ（Hertz）が所有していたこともある。

したがって、業績がもともと低迷していたことに加え、事故被害者からの複数の損害賠償を求める訴訟によって財政的に追い込まれていたのだが、イエローキャブ倒産のニュースは、折しも、台頭するウーバー（Uber）とリフト（Lyft）に代表されるライドシェアリング・サービスが既存のタクシー産業に壊滅的なダメージを与えた象徴的な事例として、各地で大々的に報じられたのである。

ちなみにこの翌年、このカリフォルニアのイエローキャブはライバル会社のBig Dog City Corporationに買収されたが、その価格はたった81万ドル。地価高騰中のサンフランシスコを含むベイエリアやシリコンバレーでは一戸建てすら購入できない金額だ。

そして、その半年後の六月に、今度はイリノイ州でイエローキャブ社が倒産申請を行ったと現地紙が報道。直接の原因は、乗客を巻き込んだ事故に対する2600万ドル弱という巨額賠償金の支払命令だとはされるが（地方紙イグザミナー（Examiner）による）、その背景に実際、勢力を増す一方のライドシェアリングの影響があったことは否めないだろう。

既存タクシー産業に、かくも大きな打撃を与えたライドシェアリング・サービスとは、いったいどういうものなのか。そして、米国の既存タクシー産業は、なぜその競争に負けてしまったのか。

本章では、米国の既存タクシー業界を中心とするトランスポーテーション（移動手段）の現状とそこに華々しく登場したウーバーのサービス概要について述べていこう。

日本とはまったく異なる米国タクシーサービスの「品質」

海外旅行や出張に移動手段の検討は欠かせない。多くの方がごく自然にタクシーを利用するだろう。だが初めて米国のタクシーに乗った方は、日本のタクシーとの違いにおおいに戸惑うはずだ。

車は清潔で運転手はきっちりとした格好をして物腰も丁寧、というのが一般的な日本のタクシーだろう（もちろん個別差はあるだろうが）。

それに引きかえ米国では、まず車は到底清潔とは言えないし、犯罪防止のために備え付けられた強化プラスチックの運転手ガードが物騒で、運転手との心理的距離を感じさせる。

また、運転手は制服らしいものを着用しておらず、運転中ずっと電話で何語かわからない言葉で誰かと話しているのが普通だ。そういう印象は、私が初めて米国でタクシーに乗った一九九〇年代から大きく変わっていない。

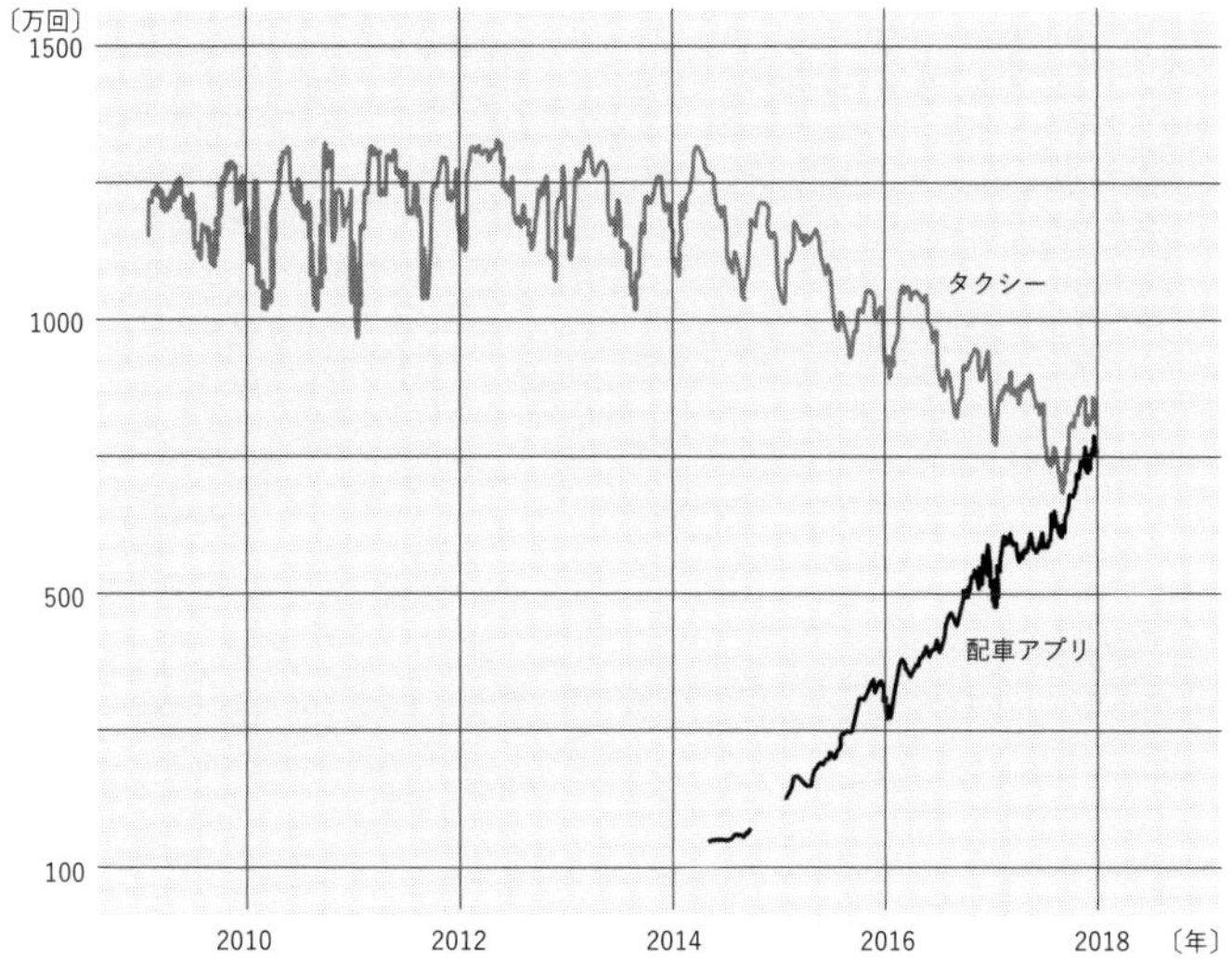

図 3　マンハッタンにおけるタクシーとライドシェアリング・サービスの月間利用回数の推移。ライドシェアリング・サービスの利用が急増し、タクシーを上回ろうとしている（NYC Taxi & Limousine Commission より改変）

米国でタクシー運転手を生業にする者の多くは移民で、アフリカ系や南米系、中東系といったまさに「人種のるつぼ」だ。ロンドンタクシーと並び世界で最も有名なタクシーの一つだと言えるニューヨークのイエローキャブは、4万2000人の運転手を抱えているとされるが、このうち実に8割が海外からの移民だという（出身国でいちばん多いのはカリブ海諸国、次に南アジアからの移民だ）。

ちなみに、レシート（領収書）の扱いはかなりいい加減で、たいていは印刷されて出てくるのではなく、裏にタクシー会社の情報が記載された名刺サイズの厚紙に運転手が自分で数字を書き込む。これではいくらでも偽造ができてしまうし、裏のとりようもない。

多くは移民だから、英語があまり得意ではない運転手もかなり存在するというのに、昔の車はナビがついていなかったので、行き先が主要ホテルやランドマーク（有名な観光地など）などでないと、自分でかなり詳しく道を伝えてあげなければいけなかった。

ただ、運転そのものについては、それほど荒っぽいと感じたことはなく、自身の体験に限って言えば、中国や韓国に出張したときのほうがよほど安全面で不安を感じることが多かった。

いずれにしろ、これだけサービス上の問題があり、顧客の不満があったのに、それらの多くが一向に改善されないできたのは、それだけ市場の競争から取り残されてきたというか、要は保護されてきた業界だったからだ。

したがって、ウーバーに代表される「ライドシェアリング・サービス」という新種のビジネスモデルが米国において既存のタクシー産業に壊滅的な打撃を与えた最大の理由は、背景にそうした顧客の不満があったからであり、新しいビジネスモデルは、その不満を克服するものだったと言える。

これらがただの主観ではないという証拠に、ウーバー黎明期のタクシー業界の品質を示唆する興味深い資料がある。次のページの図表4〜6は、二〇一三年春にサンフランシスコの公共交通局に提出されたタクシーに関する満足度調査の結果だ。

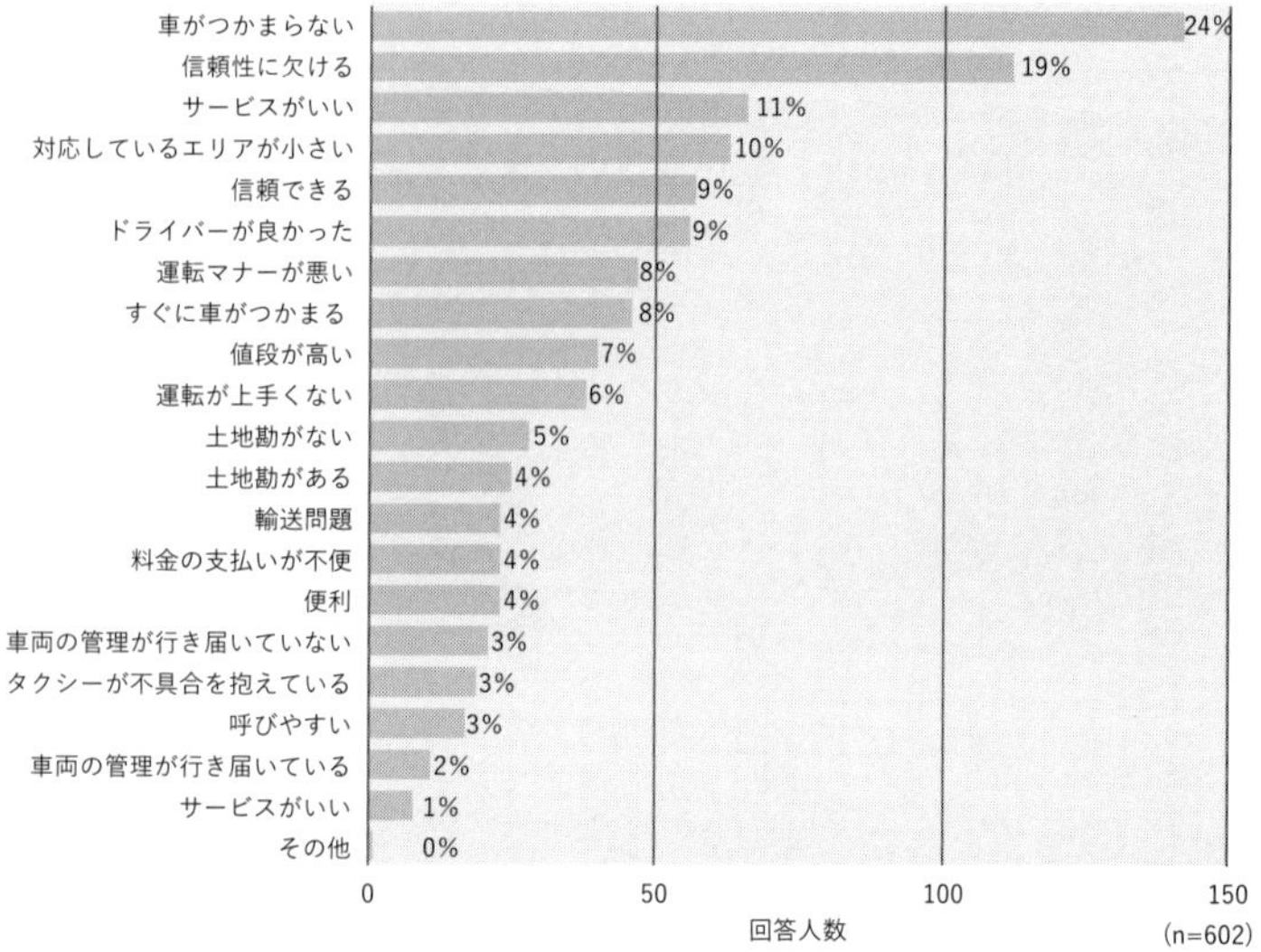

図４　サンフランシスコにおけるタクシー満足度調査の結果。満足度の中で一番低いのは「車がつかまらない」という回答で、その次が「信頼性に欠ける」。これらが全体の４割強を占めている

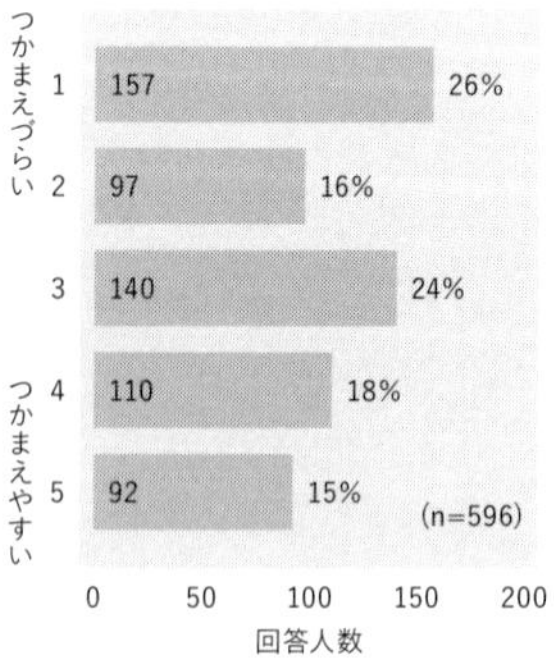

図６　家からの、タクシーのつかまえやすさに関する調査結果。最低評価の１とそれに続く２をつけた割合が４割を占めている

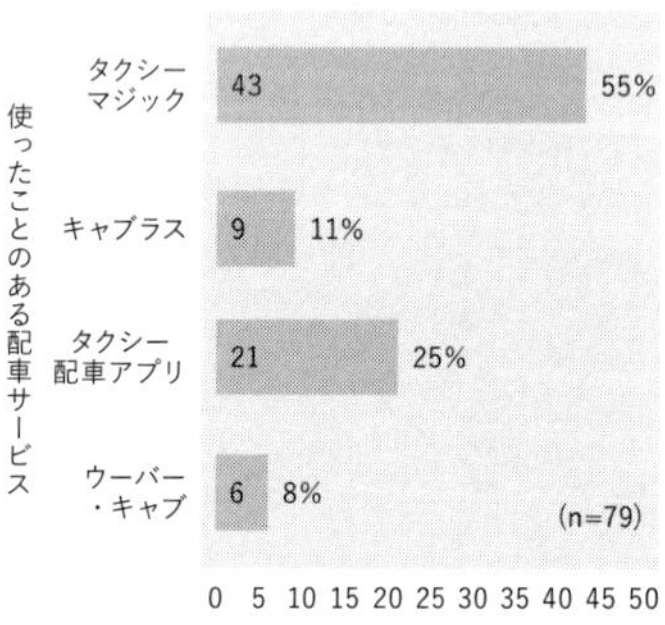

図５　使ったことのある配車サービスについての調査結果。サンフランシスコで知名度があったサービスは、タクシーマジックだった

なお、この時点で、ライドシェアリング用アプリ、すなわち、スマートフォンを利用した配車サービスの存在を知っていた人たちは半数近くにのぼっている。興味深いことに、サンフランシスコで知名度があったライドシェアリング用アプリはウーバーの前身のウーバー・キャブ（Ubercab）ではなくて、タクシーマジック（Taximagic　現Curb）だった。

家からタクシーをつかまえるのがどれくらい簡単かという設問においては、最低評価の1とそれに続く2をつけた割合が4割を占めている。つまり、タクシーの数は慢性的に不足していて、かなり不便な状態が続いていた。ここにも、ウーバーが事業として解決した「課題」があったわけだ。

ちなみにこの時点では、タクシーが便利になったら車の保有をあきらめるかという質問に対して、「強く同意するStrongly Agree」（その見込みがかなり大きい＝5）と回答している人の数は少数派で、実に7割近くの人々が、「まったく同意しないStrongly Disagree」（その見込みはかなり小さい＝1）と回答しているのも興味深い。

実際サンフランシスコでは自家用車を所有しない世帯が増えており、「車なし生活」都市ランキングで全米一位となっている。

このことを裏付けるかのように、二〇一六年の九月四日、ビジネス・インサイダー紙はテキサス州オースティン市からウーバーとリフトが撤退したという記事の中で、41％の人々がライドシェアリングの代わりに自分の車を運転するようになり、９％が車を買い足したと指摘している。

つまり1割弱の人々が、ウーバーとリフトがサービスを展開していた間（わずか二年間である）に車を手放したのだ。オースティンはニューヨークやサンフランシスコに比べるとはるかに「車社会」の地域だから、1割というのは決して小さい数字ではない。

もっとも、その後、42％の人々は、ウーバーとリフト撤退後参入してきた別のライドシェアリング・サービスを利用するようにしたとも報じている。

つまり、ウーバー、リフトの撤退はライドシェアリング・サービス自体の需要縮小を意味するものではなかった。もはや多くの人にとって、ライドシェアリング・サービスは欠かせないものになっていたのである。

雇用市場としてのタクシー

ここで米国タクシー業界の市場規模を見てみよう。売上は二〇〇九年度において20億ドル（2200億円）を突破して以来、年間10％ほどの成長を遂げてきている。いくつかの地域のイエローキャブの倒産やそれをもたらしたライドシェアリング・サービスの台頭があっても、二〇二〇年度には28億ドル、日本円にすると3000億円規模に達する見込みだ。

これは、ライドシェアリングが、「人が運転する車に乗って移動したい」という潜在需要を一気に拡大させたからだろう。ここに、ライドシェアリング・サービスの数値を含めると、この「人が運転する車に乗って移動する」市場は、確実に増加の一途を辿っているはずだ。

ちなみに日本のタクシー業界には一〇〇年を超える歴史があり、その市場規模は、米国のそれよりはるかに大きい。

バブル期真っ只中の一九九一年には2・2兆円。それが二〇一六年には1・5兆円まで下がってきているとはいえ、インターネットの普及による電子出版や海賊版、ネットメディア、SNSの登場によって、長く低落傾向にある雑誌を中心とする出版業界や、デジタルに大半を持っていかれてしまったCDやDVDの流通販売と比較すると、その下降ラインはゆるやかなもので、まだまだ驚くべき規模の一大産業である。


つまり、タクシー業界には、出版や小売、流通といった他の業界におけるような、ITの影響による既存の市場の縮小という現象はまだほとんど現われていないということだ。

昨今では、配車アプリなどデジタル化の余波も出てきてはいるが、それは現状のタクシーのサービスをさらに高め、業界を活性化するものであって、破壊するものではない。これについては第六章で解説する。

ライドシェアリングとは何か？
ウーバーとは、どういったサービスなのか？

車社会の米国で、ここまで人々を変えたライドシェアリングとはどういったものなのか？　ウーバーとはどういったサービスなのか？　そろそろ気になってきたはずだ。ここからは、ウーバーのサービスがどういったものかという表舞台に見えている情報から、ビジネスモデルやビジネスの特色といった舞台裏まで、ご紹介しよう。

ウーバーとは、米サンフランシスコ市に拠点を構えるウーバー・テクノロジーズ社（Uber Technologies　以下ウーバー社と記載）が提供する「ライドシェアリング・サービス」である。

ライドシェアリング・サービスとは、個人間で乗車を提供するサービスで、「ライドシェアリング」は一般に、その形態によって、大きく二つのタイプに分かれている。
収入を得るために利用者を乗せる「報酬目的のライドシェア」サービスと、運転予定のある者に同行して、ガソリン代などのコストを利用者とシェアする「カープール」サービスだ。
ウーバー社は、この両方を提供している。ともに、インターネットを使ってマッチングする。その主要サービスである「ウーバーX（Uber X）」は、乗客を目的地に自分の車で送る代わりに、運転手が報酬を得るシステムで、一方、冒頭の体験談で紹介した「ウーバー・プール（Uber Pool）」というサービスは、カープール、いわゆる相乗りサービスとなる。

では、実際のところ、ウーバーが提供するサービスの流れはどのようなものなのか。以下、乗客（ライダー）*と運転手、それぞれの視点で「疑似体験」していただきたい。

*ライダー
乗客のことを指すウーバー独特の用語

❶ウーバーを利用したいと思ったら、専用のアプリ（乗客用アプリ）を起動し、目的地を入力。すると、各クラス別の見積りが表示され、近くにいる車

のアイコンも表示される。クラスを選択してコール。無事マッチングされると、運転手名と車種が表示される。

❷アプリに表示された時間が経つと、今いるところに予約した運転手がやってくる。行き先は運転手に伝わっているので、あとは乗るだけ。目的地に連れていってくれる。乗車料金は、クレジット決済が自動的に行われるので、支払いの手間もない。

❸唯一、タクシーに乗るのと違うのは、乗車後に、送ってくれた運転手の評価をすることくらいだろうか。これによって、運転手の評価が記録され、自身の次の利用や、他の人の利用の参考になる。

では、運転手をする場合はどうか。

❶ウーバーの運転手には、所定の勤務時間というものがない。出勤に必要なものは、自分の車とスマホだけ。運転手専用のアプリ（運転手アプリ）を起動させて、オンライン状態にスイッチを入れた瞬間に出勤状態になる。

❷利用者から乗車のリクエストがあると、近くにいる複数の運転手をウーバ

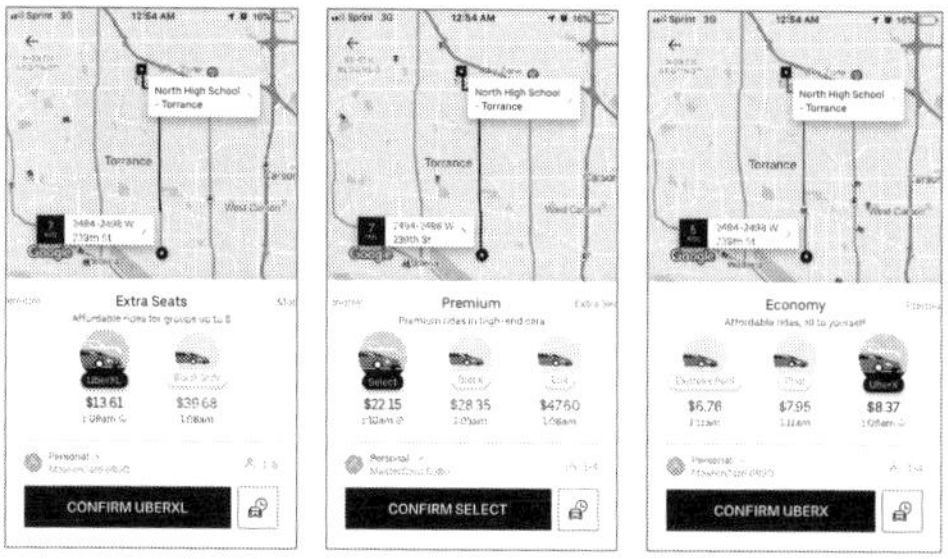

図７　アプリを起動し、行き先を検索した際の画面。車種ごとに、近くにいる車と価格帯が表示される

図８　乗車リクエストがあると、運転手との「最適な」マッチングが行われる

ー側が検出し、「最適な」マッチングが行われる。マッチングが行われると、運転手アプリに、乗客のリクエスト通知が表示される。通知内容を見て、それを受諾するか拒否するかを決めることができる。

❸ただし、通知内容として伝えられるのは、乗客の評価（スコア）と、迎車までの距離、そしてリクエストしているサービスの種類（クラス）のみだ。だから、相手がどんな人なのかも、行き先がどこかもわからない！　ウーバーのドライバーとなったばかりのときは戸惑いもあったが、距離や特定人種、性別に対する乗車拒否などを防ぐための配慮だと気づき、感心させられたものだ。

❹リクエストを許諾したら、あとは迎えに行って、指定された目的地まで送り届ければ完了だ。詳しくは第四章でお話しするが、乗客の評価がフィードバックされ、フィーは一週間ごとに（最近は登録次第で、ものの数分で）、予め登録した銀行口座に振り込まれる。

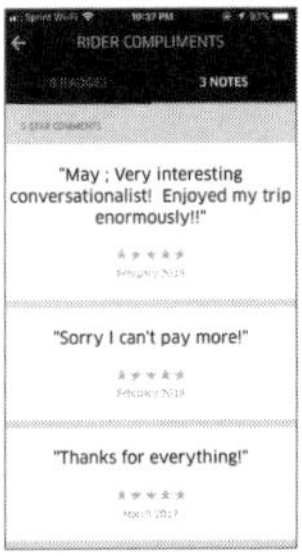

図9　運転手を乗客が評価した画面。このように評価がフィードバックされる

図10　運転手自身が見るプロフィール画面。乗客の評価が記録・蓄積されている

ウーバーの「きめ細やかなサービス」

乗客はマッチングの際、クラスを選ぶことができる。提供する「車種の多さ」もサービスの特長の一つだ。二種免許等の有無や、車のランクによって、さまざまなサービスを展開し、用途やニーズによって使い分けることができるようになっている。州によって多少異なるが主要なものは次の通り。


*ウーバーX（Uber X）　最もベーシックなサービス。利用者が最も多い。

*ウーバー・プール（Uber Pool）　相乗りサービス。目的地が近い、あるいは経路上に目的地がある他のユーザーと乗り合わせることになる。最も安価だが時間がかかる。

*ウーバー・セレクト（Uber Select）　ウーバーXの上位版。乗り手としての感覚ではウーバーXに対して5％以下の需要。ただし、場所による。

UberX
最もベーシックなサービス。利用者が一番多い。
UberPOOL
相乗りサービス。最も安価だが時間がかかる。
UberXL
5～6人までの乗車が可能な大型車。
UberSUV
Uber XL の上位版。大型高級車の配車。
UberSELECT
Uber X の上位版。
UberBLACK
黒塗りの高級車。運転手は二種免許を持っている。
UberLUX
Uber Black の上位版。最高級車が来る。値段が最も高い。

図 11　ウーバーのおもなサービスラインナップ。時間と距離に応じて、料金が決まる

＊ウーバーXL（Uber XL）　5～6人までの乗車が可能な大型車。
＊ウーバーSUV＊（Uber SUV）　ウーバーXLの上位版、大型高級車の配車。
＊ウーバー・ブラック＊＊（Uber Black）　黒塗りの高級車、運転手は二種免許を持っている。
＊ウーバーLUX＊＊＊（Uber LUX）　ウーバー・ブラックの上位版。最高級車が来る。値段が最も高い。
＊ウーバー・エスパニョール（Uber Espanol）　運転手がスペイン語を話す。スペイン語は英語についで話者の多い第二公用語だ。
＊ウーバー・アシスト（Uber Assist）　会社から乗客の補助を行う適性を認められた運転手が赴く介護用車。
＊ウーバーWAV（Uber Wav）　車椅子のライダーを乗せることができるタイプの車。

＊ウーバーSUV
＊＊ウーバー・ブラック
＊＊＊ウーバーLUX
これらに関してはドライバーが専用のTCPライセンスを所持している必要がある。これは一般的なハイヤーやリムジンサービスで必要とされるのと同じものだ。

タクシーとは異なり、各運転手は個人事業主として、原則自分の車を利用する。そして、一部のクラスを除き、日本では乗客を乗せるために必要な二種免許も必要がない。

ウーバーの特長は「利便性」と「コスト」にあり

ウーバー最大の特長は、何といっても、その利便性とコストにある。たとえば私の住むロサンゼルスでは、従来、流しのタクシーが禁止されていた。タクシーを呼ぼうと思ったら、常駐しているホテルなどに行くか、電話で呼ぶほかない。不便極まりなかった。

ところがウーバーは、どこにでも迎えに来てくれる。事前に行き先を入力しておおよその運賃もわかる。運転手に経路について説明する必要もない。また運転手に対して評価を残せるので、運転手にとってもきっちり仕事をこなすモチベーションとなる。

加えて、タクシーに比べて価格がかなり割安、体感値でだいたい半額くらいのイメージだ。まさに至れり尽くせりのサービスである。

ただし、一時的に近隣で需要過多が発生している場合にはサージ・プライシング*といって、値段が変動する。高いときには三倍、極端な例では、一〇倍以上になることもあるという。

ウーバーを運転するのは、特別のライセンスを持っているわけでもない一般人だが、それに関してはあまり違和感がない。これは前述のように、従来のタクシーサービスの質が一般にはあまり高くなかったうえに、アメリカ人の大半が運転慣れしているからだろう。

サービスの一つであるウーバー・プールは、さらにコストの点で魅力的だ。これは、いわゆるカープール・サービス、つまり、同じ方向に向かう者同士が同じ車に乗ることで、安い料金で移動することができる。いわゆる「乗り合いタクシー」だ。

乗客のＡさんを迎えに行って、Ａさんが希望する目的地Ｘに送り届けている。すると、途中で同じような方向に向かっている乗客Ｂがいた場合、ウーバーはそれを自動でマッチング。そこにはＡＩ（人工知能）やビッグデータ、機械学習などから得られたアルゴリズムが用いられている。

＊サージ・プライシング
需要と供給の不均衡が起きたときに、それを調整するために価格を変動させる「ダイナミック・プライシング」の原理を応用した、ウーバーの利用料金設定方法として知られる。Uberのシステムが各地域の求車状況をモニタリングすることにより、秒単位で変動していく。急騰価格制（サージ・プライシング）と言われ、その名の通り、通常料金の10〜15倍にもなることもあるという。

より効率的な移動手段となりうるため、エネルギー問題などの観点から、さらなる発展が期待されている。

たとえば、地方の宿と最寄り駅を繋ぐシャトルバスは日本にも存在するが、米国にはそれとは少し異なる「乗り合いシャトルバス」のサービスが一般に普及していた。

よく見られるのは空港で、ハリウッド方面やダウンタウン方面など決められた方面に向かう複数の乗客を乗せて出発。各自、順番に降ろしていく。

そのため、回り道をし続けるし、自分が何番目に降ろされるのかも経路次第。余計に時間を要するが、その分、料金はタクシーの何分の一にも抑えられるので、特に若者やバックパッカーなどの旅行者に人気のサービスとなっている。

ウーバー・プールも、途中で乗客を拾うこと以外は、「乗り合いシャトルバス」と同様だ。一般的なライドシェアリング（ウーバーX）よりも価格が安く設定されている代わりに、到着までに時間がかかる可能性がある。

ライドシェアリング・サービスの市場拡大

本書執筆にあたり、ＭＢＡ（経営学修士号）保持者で同サービスの利用経験のある方々に「世界で躍進するウーバーについて、どういうことを知りたいか?」と尋ねてみた。そうすると、ビジネスモデルとその利益率の部分に関心を示す方が多かった。私は経営学者ではないので、経済性については専門家の説明に委ねるとして、ここではごく簡単にウーバーのビジネスモデル、そして運転手側から見た経済性について述べてみたい。

ウーバーとエア・ビー・アンド・ビー（Airbnb）の創業について詳細に述べた『UPSTARTS～Uber と Airbnb はケタ違いの成功をこう手に入れた』（ブラッド・ストーン著／日経ＢＰ社）で、著者ブラッド・ストーンは両社について次のようにコメントしている。

「両社とも、物理的な資産をほとんど持たないにもかかわらず、高みに到達した。」

確かにエア・ビー・アンド・ビーは世界最大の宿泊業者だと言えるが、自社で宿泊施設を所有しているわけでもなければ運用すらしていない。ウーバー社をタクシー会社になぞらえれば、まさに世界最大のタクシー会社だが、自社車両を保有しているわけでもなければ、運転手を雇用しているわけでもない。シェアリングエコノミー・サービスの特徴なのだが、よくよく考えると極めて画期的なことである。

シェアリング・エコノミーの根幹にあるのは、ピア・ツー・ピア*（P2P）の取引だ。これはネット・オークションのイーベイ（eBay）がわかりやすい事例で、最近では個人間フリマアプリのメルカリなどもそれに該当する。

プラットフォームの運営主は「場」を提供することで一定の利ざやを稼ぐのだ（そういう意味でアマゾン（Amazon）が少し異なるのは、自前の在庫を抱えていたり、プライベートブランドでの製品を販売していたりすることだ）。

では、ここで、ライドシェアリング・サービス全体の市場動向を確認して

＊ピア・ツー・ピア
複数の端末間で通信を行う際のアーキテクチャの一つで、対等の者（Peer）同士が通信をすることを特徴とする通信方式。これにより、どれか一つのクライアントが停止しても全体としてのシステムがダウンすることはない。仮想通貨で広く用いられているブロックチェーンの技術は、これをもとにしている。

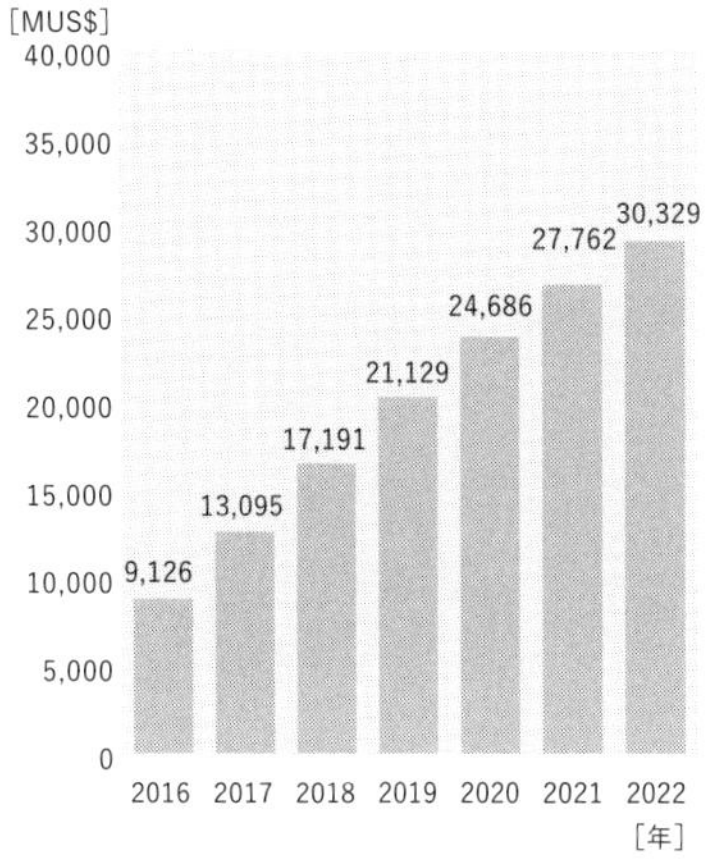

図 12　ライドシェアリング・サービスの市場動向。順調な右肩上がりを示している

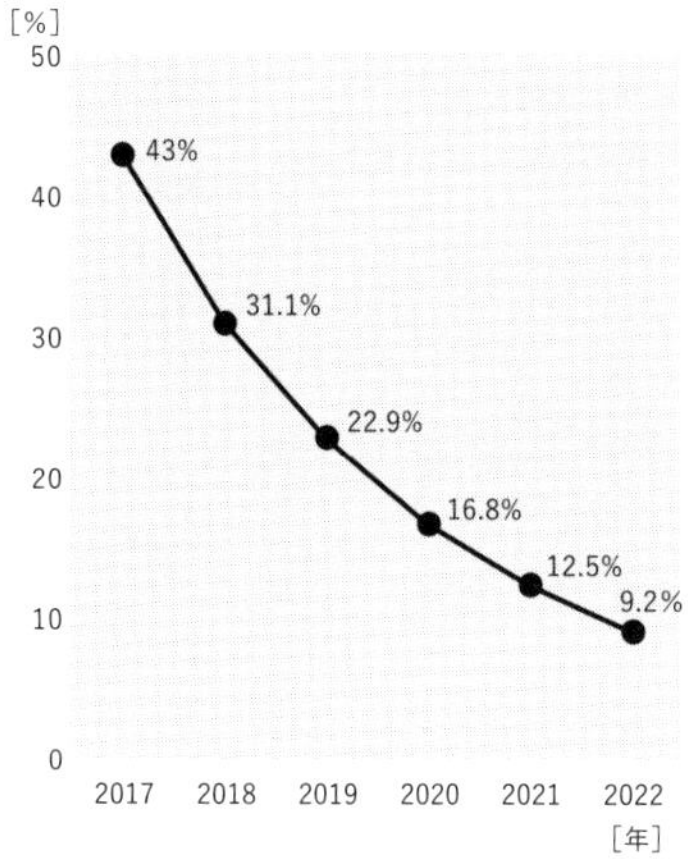

図 13　ライドシェアリング・サービスの市場の成長率曲線。少しずつ鈍化していっている

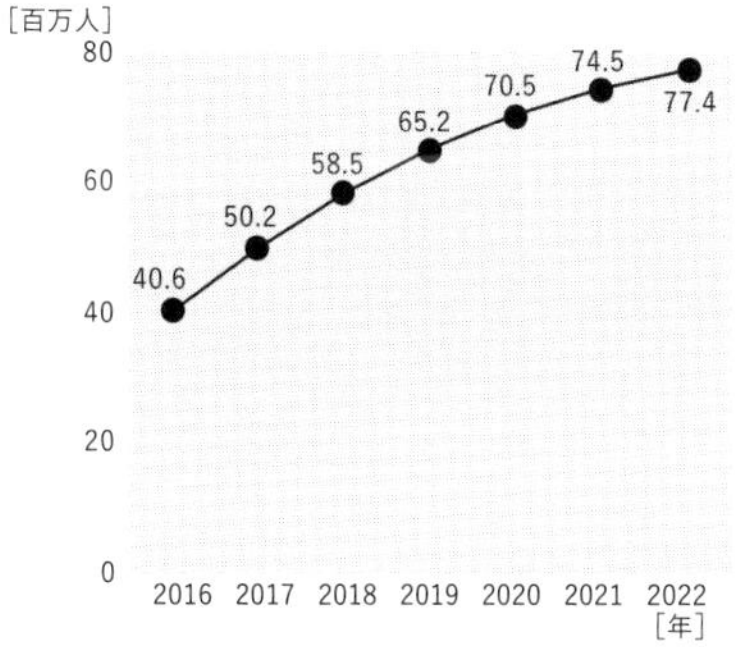

図 14　ライドシェアリング・サービスの利用者数。伸長してきていることがわかる

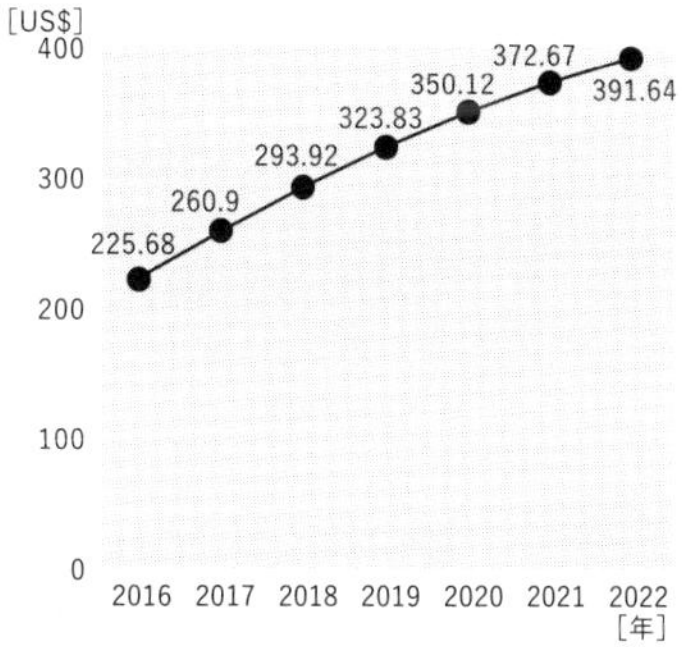

図 15　ライドシェアリング・サービスの顧客単価。利用者がサービスに慣れて、有効に活用
できていることがうかがえる

みよう。

売上は順調な右肩上がりを示しているが、市場の飽和に近づきつつあるのか、今後は成長率が少しずつ鈍化していく様子が見える（図12）。それでも二〇二二年には３００億ドル（３・３兆円）の規模に達する。

成長率曲線はこれと反比例しており（図13）、40％を超える伸長を見せた二〇一七年に対し、二〇二二年では対前年比で10％を割り込む様相を見せている。

利用者数はどうだろう。二〇一七年度に人口の半分が利用するようになり、二〇二二年ではそれが3分の2にまで上昇する見込み（図14）だ。単独での利用年齢の制限（18歳以上）があるのと、高齢者を含むスマートフォンを保有していない人口も存在するのを加味すると、ほぼこれが最大値かもしれない。

次に顧客単価の推移だが、これも順調に伸長している（図15）。利用者がサービスに慣れて、有効に活用しているのがうかがえる。

ミッドクラスのセダンをローンやリースで購入した際の月々の支払額が200〜400ドルが一般的であることを考えると、車を持たずにライドシェアを利用することで付随してかかる保険や車両登録料金、ガソリン代から解放される。それが合理的な考えだと判断するのは、無駄な出費を抑え、シンプルなライフスタイルを好むミレニアル世代に限らないはずだ。

留学時代、自家用車を保有していなかった貧乏学生の私は、バス通学だった。日本ならタクシーをつかまえればいいような、何かの用事や緊急時の対応などのときも米国ではそうもいかず、ルームメイトに車を貸してもらったり、迎えに来てもらったりしなくてはならず、心理的にも負担が大きかったのをよく覚えている。特に終バスを逃してしまって夜遅くに迎えを頼むときなど、なんとも情けない思いをしたものだ。米国でのタクシーは、車を持っていない短期訪問客、あるいは可処分所得が多い人向けの乗り物だったのだ。今では多くの学生がそんな悩みと無縁になったことだろう。

社会人になってからも、1キロや2キロくらいのところを電話でタクシーを呼ぶのにはかなり抵抗があった。一人で乗っても安価で、数ドルの距離でも心理的抵抗感がなく呼ぶことができるウーバーは、そうした需要を見事に掘り起こしたと言える。

左のページの図の16~18をご覧いただきたい。

まず、利用者の収入別の比率を見ると、やはり高所得者の比率は高いが、極めて高いというわけでもない。これは低所得者層向けのウーバー・プールや一般的なウーバーXの価格設定が極めて巧みに設定されていることを裏付けるものだといえよう。

利用者の性別では、男性が64%、女性が36%となっている。理由としては女性を男性がエスコートする場合が多いことのほか、(とりわけ夜間に)単独でライドシェアリング・サービスを利用するのに抵抗のある女性が少なからずいる可能性を示唆している。このため、女性運転手に限定したサービスも誕生しているくらいだ。私の周りでも、運転手からセクハラまがいの行為や発言を受けたという女性の証言がいくつもあるから、親の観点から見ても、そういう配慮に特化したサービスが出てくる背景には共感できる。

ちなみに、利用している年齢層はどうかというと、半分以上が25~34歳と

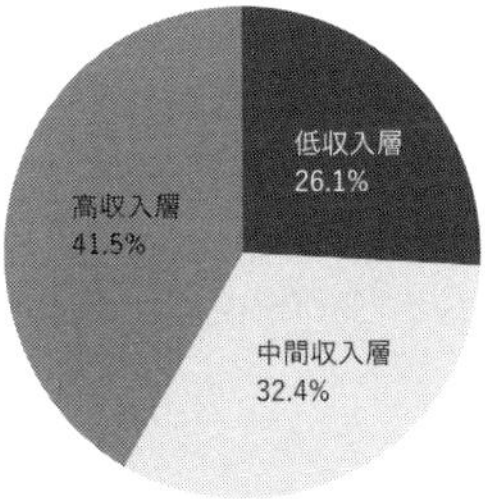

図 16　利用者の収入別の比率。高所得者の比率は高いものの、極めて高いわけではない

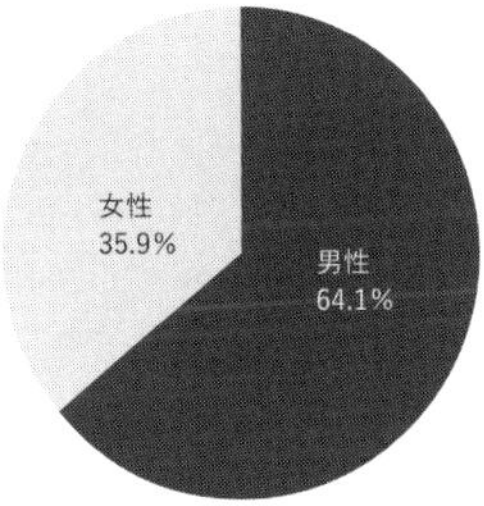

図 17　利用者の性別の比率。男性比率が高いのは、エスコートや、女性の抵抗感のため

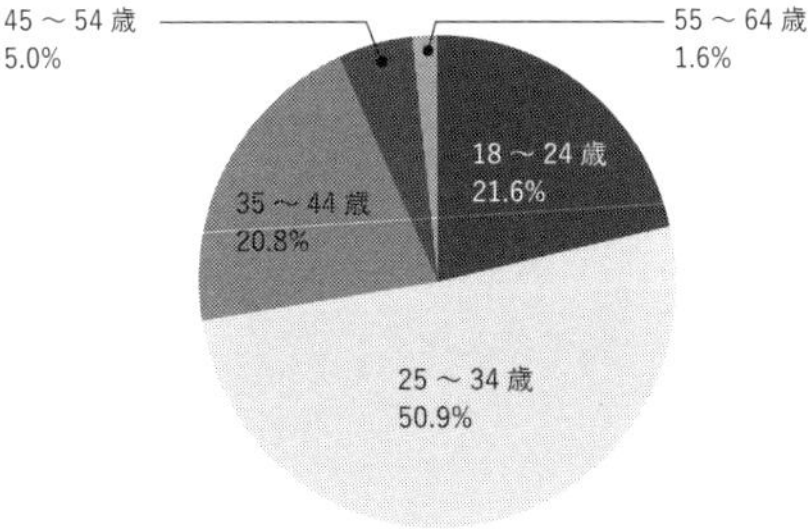

図 18　利用者の年齢層の比率。若い世代から大きな支持を受けていることがわかる

いう数字が出ている。次に多いのが24歳以下で、若い世代から大きな支持を受けていることがわかる。

この傾向が続くと、車が売れなくなると心配する自動車メーカー関係者は少なくないだろうが、ライドシェアをする運転手が増えれば、車の販売数が増えるとも言えるのだ。

なにしろライドシェアをすると、車の摩耗がとんでもなく早い。日本だと廃車になるような10万キロあるいは16万キロ（10万マイル）など、フルタイムでやっていれば一年で到達してしまう。また登録できる車両の年式についても制限があるので、あまり古い中古車は使えない。このため、燃費のよい新車を選ぶ人が多い。

また外装に目立つ傷がついているのも問題となる。三ヶ月から半年に一度は定期的に利用車をウーバーのステーションに持ち寄って検査してもらう仕組みとなっている。

以上の点から、運転者にライドシェア用の車をリースするサービスや、レンタルの仕組みなどもできている。自家用車がパスしない場合、一日だけ借りて日銭を稼ぐことすら可能となるわけだ。

シリコンバレー随一！　破天荒な創業秘話

シリコンバレーに生まれ、世界的なサービスとして認知されるようになった大半の企業と同様、ウーバーについても、創業にまつわるユニークで破天荒なエピソードは枚挙にいとまがない。それらの多くは、先に少し触れた『UPSTARTS～Uber と Airbnb はケタ違いの成功をこう手に入れた』に詳しい。

特に、二〇一七年六月、役員会から更迭されてしまった元ＣＥＯのトラビス・カラニックの個性は豪傑揃いのシリコンバレー立志伝の中にあってもかなりの異彩を放っている。このカラニック、実はロサンゼルス出身であり、常に車社会ロサンゼルスでの大きな展開を意識しながら、のちのウーバー帝国を最初は北カリフォルニアのサンフランシスコ近郊で構築していくのだ。

ウーバーの創業者といえば、このカラニックが有名だが、本当の意味での創業者は実は別人で、カナダのカルガリー出身のギャレット・キャンプという人物である。

彼は大学院時代に友人といっしょにスタンブルアポンというニュース共有サイトを立ち上げて、それが大成功。投資家の勧めにより北米大陸反対側のカリフォルニアのサンフランシスコ市に活動拠点を移動し、ドットコムバブル崩壊が一段落した頃に、イーベイに事業を7500万ドルで売却することに成功する。

日本円にして実に80億円。売却後もしばらくイーベイに勤めていたのだが、ふとしたことからサンフランシスコ市のタクシー業界と正面からぶつかることになり、ライドシェアリング・サービスを思いつく。

実はこのサービスを思いついたきっかけの一つに、なんと大人気映画シリーズ「007」の一作、『カジノ・ロワイヤル』が関連しているという。実際、キャンプが事業を売却したのち、このお気に入りのジェームズ・ボンド作品をよく観たそうだ。

この映画の最初のほうに、カリブ海のバハマを舞台に主役のボンドが敵とカーチェイス（？）を繰り広げるシーンがあり、その中に携帯電話の画面で相手の居場所を確認しながら移動するという場面がある。彼の目は、ボンド運転の車が目的地に向かっていく様子が携帯画面に表示される場面に釘付けになった。それがひらめきの瞬間だった。

幼少期からの新しいもの好きが高じて起業家として成功を収めることになった彼にはまさに文字通り「進取の気性（精神）」が宿っていたに違いない。ウーバーのアプリでまず人目をひくのが自分の近くを走っている車両が移動しているミニアイコンだが、これはまさにこの映画の賜物である。

ちなみにウーバーという社名を思いついたのも彼で、当初はウーバー・キャブ（Über Cab）という名前だった。ウーバー（Über）という単語自体に特に意味はなく、キャンプ曰く「すごいもの」を表す言葉だったという。

のちに数千億ドルという価値を生み出すことになるウーバー・キャブがカリフォルニア州で登記されたのは二〇〇八年一一月一七日。ちなみにこの頃はリーマンショックの真っ只中。株式だけでなく、ありとあらゆる経済市場が大混乱していた時期である。

さて、シェアリング・エコノミーの二大巨頭と言えば、ウーバーとエア・ビー・アンド・ビーの二社で、両社は創業の時期も場所もほぼ同じ。まったく別の業界だが、それぞれ市場に大きなディスラプトをもたらした革新的なスタートアップ企業だ。前述の『UPSTARTS ~ Uber と Airbnb はケタ違いの成功をこう手に入れた』は、彼らを評して次のように述べている。

「売上高で見ても、市場価値で見ても、従業員数で見ても、両社ほど急速に成長したスタートアップはまずない。サンフランシスコの一角、1~2キロメートルしか離れていない場所に本社を置く両社は、インターネット史における第三の波を象徴する物語を紡ぎだした。イノベーションによってデジタル世界が現実世界をもカバーしていくポストグーグル、ポストフェイスブックの時代の物語だ。」(イントロダクションより)

ウーバーの創業物語については同書に詳しく書かれているので割愛するが、

シリコンバレーでは日々無数のスタートアップが誕生し、そして消えていっている。コファウンダー（共同創業者）という形で複数の創業者が立つことが一般的で、その創業者たちのコンビプレイがどれほど重要かは語る必要もないだろう。

進取の気性に富んだキャンプと破天荒で数字にとても強かったカラニックという組み合わせが、隆盛を築くうえでの格好の組み合わせだったのだ。

エア・ビー・アンド・ビーについては、同じようなタイミングで日本にも進出してきており、同じように規制と戦いながらも、ビジネスとしてはウーバーの少し先を行っている。これについては第六章でまた補足する。

ウーバー、どこがすごい？ ビジネス・エコシステムの脅威性

カリフォルニア州立大学ロングビーチ校の産業デザイン学部で教鞭を執るスティーブ・ボイヤー准教授は、全米トップレベルの南カリフォルニア建築大学で修士号を取得し、大手ゲーム会社や通信会社、そしてシカゴ美術館付属美術大学やＯＴＩＳ（Otis College of Art and Design）など北米有数のデザイン専門校でも教鞭を執っていた。かつて一世を風靡した、アーケード・ゲーム「ポリス・トレーナー」の生みの親でもある。独創的な視点と深い洞察力に溢れた彼に、ウーバーのビジネスモデルの特色について尋ねてみた。

「ウーバーはまさにシリコンバレー発の「超生産性」革命の寵児とも呼べるベンチャー企業です。そして、シリコンバレーではしばしば発生する極端で不均衡な富の集中の一例でもあります。これまで存在しなかった労働機会

を収入源として運転手に提供しつつ、企業側はプラットフォームの運営者として莫大な富を得ます。

そして、この富の配分は創造された価値に対して比例的ではないというのも特色です。たとえば、ウーバーはライドシェアリングを発明した会社ではありませんし、エア・ビー・アンド・ビーも同様で、市場にはすでに先駆者がいました。

このようなベンチャー企業の特色は、生物界のエコシステムにおける（侵略的）外来種のごとく、市場での多様性を破壊したり、競争相手を駆逐したりしながら、ものすごい勢いで勢力を拡大していくことです。特筆すべきはその際に、市や州の法律や条例、そして国家レベルの規制を度外視することでのみ成り立つビジネスモデルと成長ペースであるということです。

よって、常に法的規制に対する飽くなき無謀な挑戦が繰り広げられ、コミュニティに対するさまざまな影響については精査されないままにことが進められ、既成事実ベースで法規制そのものを改革しようとするのです。

富の配分が不均衡と先ほど述べましたが、たとえば、運転手は従業員ではなく、あくまでも個人事業主として扱われ、得られる対価も、州や市が定める最低賃金に満たない場合も多いのです。また、従業員であれば当然享受できる社会保障や、医療保険、有給休暇その他の福利厚生なども得られません。このような「超生産的」ビジネスモデルがもたらしたインパクトはまさに革命的な規模です。

ウーバーが短期間の間に市場から得た評価（時価総額）は莫大なものとなり、いずれ自動運転を指向する方向にビジネスが軌道修正をしたとき、それまで収入機会を得ていた人たちは一斉に職を失うことも考えられます。

また、彼らは例外なく、あまりに多くの問題を先送りにしています。最近の例では、ドローンが同じように規制をかいくぐって市場でもてはやされ、想像もできなかったような使途に用いられることで、当局も規制を厳しくせざるを得ず、結果として一般大衆が扱うのが難しくなってしまいました。

リーンスタートアップ*がもてはやされる時代ですが、我々は恩恵と同時に警戒すべき点にも注意を払う必要があるのではないでしょうか。

＊リーンスタートアップ
leanは「無駄がない」という意味。米シリコンバレー発の起業の新しい手法で、コストをあまりかけずに最低限の製品やサービス、試作品を作って顧客の反応を見、軌道修正、というサイクルを繰り返す。それにより、起業や新規事業の成功率が飛躍的に高まるという。

スケーラブル**な移動手段を提供し、飛行機からラストマイル問題を解決するための電動スクーターにまで手を広げていくウーバーは、ある意味「市場制覇」の代名詞です。改革の進んでいなかった保守的な風土の古いビジネスに対して、恐ろしいほど攻撃的に侵略していった結果、車両を一切保持せずに世界最大のタクシー会社になった。それが全てを物語っています。これまでの常識が通用しないのか、グレーゾーンをひたすら突っ走ったからそうなったのか、判断は各自に委ねられます。

アマゾンの急成長により、トイザらスが閉店に追い込まれ、アップル(Apple)やネットフリックス(Netflix)が急成長したことで、タワーレコードやブロックバスターといったアナログ店が廃業しました。インターネットの普及により、物理的な制約条件はどんどんゆるくなってきており、同じような「革命」は世界のあちこちで起きており、既存の市場を破壊しています。

革命は消費者目線で見たらよいことかもしれませんが、追いやられるほうからすると、脅威と恐怖以外の何ものでもありません。いかに消費者目線を

**スケーラブル
規模の拡大に対応できる余地が大きいこと。ウーバーは、飛行機から電動スクーターまで、さまざまな規模感に対応する移動手段を持つ(またはサービス拡大予定)。

体現するか、それ次第で、一つの非現実的なビジネスアイデアが巨万の富を築くことがある、ウーバーはまさにそんな革命的ビジネスモデルです」

先に述べたカラニックの談でもあったが、物理的な制約を超越した強さ、諸規制を打ち破って進んでいく爆発的な進化速度が、さまざまな課題を抱えながらも、成長を支えてきたのである。

激化する競争と運転手の囲い込み

本書執筆時点において、ライドシェアリング・サービスの雄としてもはやウーバーの業界一位の地位は揺るぎないもので、それに追随するのがリフトである。しかし、実はこの二社は、ライドシェアリングの業界での先駆者ではない。ウーバー以前にもライドシェアリング・サービスは存在していた。その一つが、サイドカー（Side Car）である。

サイドカーはウーバーに先駆ける二〇一一年に二人のミシガン大学卒業生によって考案され、シリコンバレー在住のベンチャー・キャピタリストであるスニル・ポールの支援を受けて創業した。キャッチコピーは「あなたのアイフォンをタクシー代わりに」だった。

ところが、二〇一二年の二月に同社がベータ操業を開始した時点で、すでにウーバーは3・3億ドルの時価総額に対する3750万ドルの資金を調達するのに成功していた。その少しあとに、リフト（旧ジムライド）も600万ドルの資金調達に成功している。

この時点ではウーバーのビジネスモデルはどちらかというとタクシーの配車サービスに近いものだったのに対し、サイドカーはライドシェアリングを前提としていたので、出資者たちは別ものとして認識し、ウーバーがよもやサイドカーの直接の競合になろうとは思ってもいなかったようだ。

しかし、気づいたときには、時すでに遅し、という事態だった。事業の方針転換をしたウーバーは直接の競合となり、その時点で彼らにとっては「ゴリアテ」（巨人）となっていた。

市場競争の結果は残酷なもので、それから三年後の二〇一五年末にサイドカーは事業を停止し、事業資産の一部は翌年ジェネラル・モータース（GM）に売却されることとなった。

これは、シリコンバレーではよく見られる現象で、最初に市場を開拓した先駆者が、そのまま業界トップの地位を維持できるとは限らない。ウーバーは必要なときに、必要な経営資源と市場からの注目を集めたがゆえに成功できた。サイドカーにはそれが足りなかったのである。

次の章では、ウーバーの成功の要因をさらに詳しく見ていくが、一方で、現在二番手である競合のリフトも、二〇一八年六月に6億ドルの追加資金を調達し、時価総額は151億ドルと、過去一四ヵ月で倍以上になっている。

テック系メディアのテッククランチが報じるところによると、二〇一七年一月度時点で22％だった米国市場でのシェアが現在では35％まで押し上げられているという。依然ウーバーにとっては最大の脅威であることに変わりはないのだ。

図 19　さまざまなライドシェアリング・サービス。サイドカーやグラブタクシーは、ウーバー以前からシェアリング・サービスを行っていた

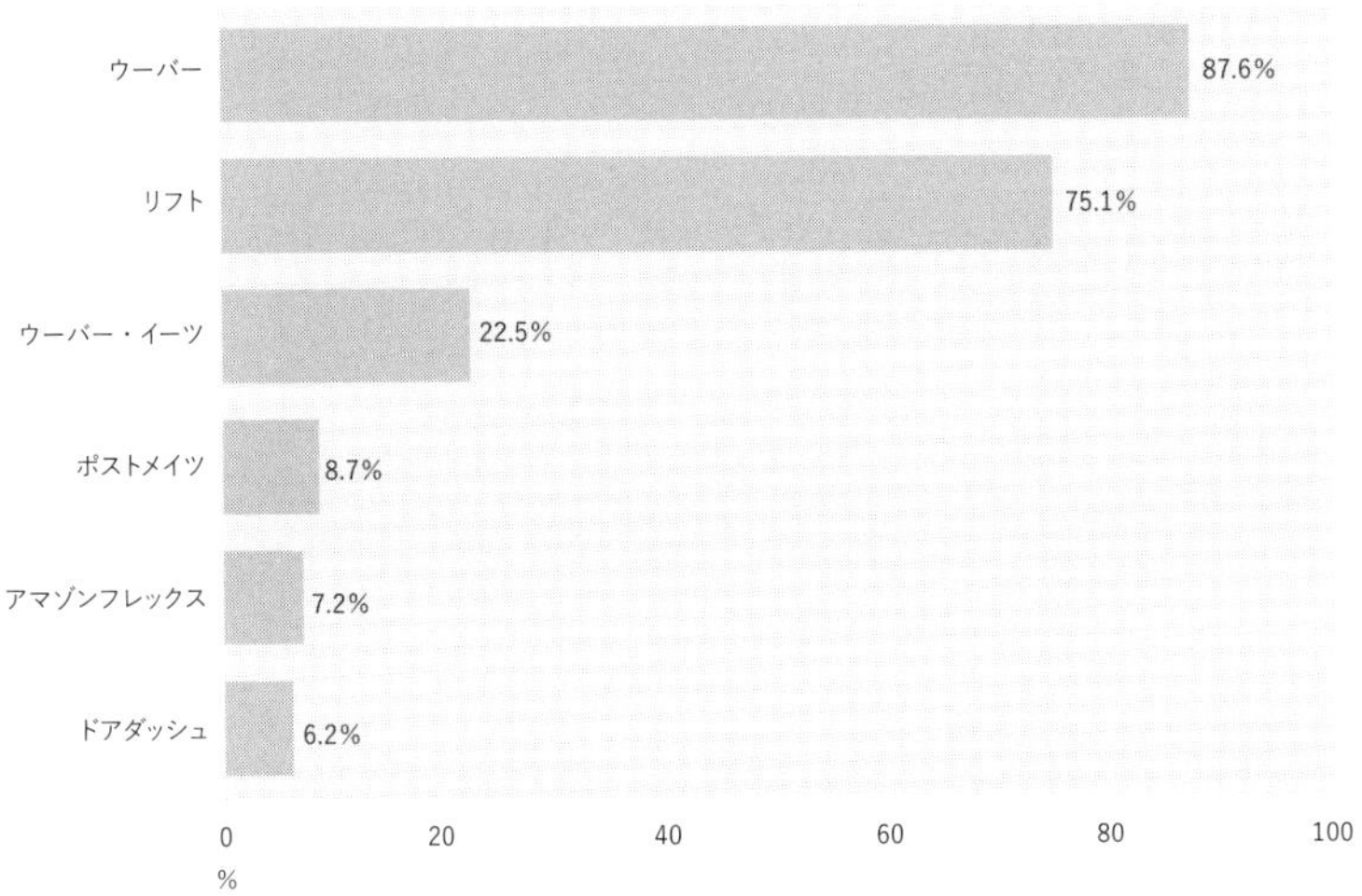

図 20　ライドシェア別の運転手のシェアを示したグラフ。兼任している運転手がいるため、合計は 100% を超えている

【コラム】ブロックチェーンとウーバーに共通する哲学

ビットコインに代表される仮想通貨とブロックチェーンは、ビットコインの価格暴騰で一躍有名になった。よく同時に語られることのあるこの二つの概念はしかし、実はまったく別のものである。簡単にいうとブロックチェーンというのは技術であり、仮想通貨はその技術を活用したプロダクトの一つにすぎない。仮想通貨は今後世界的に金融規制が厳しくなることで、どういう展開になるかわからないが、ブロックチェーンの技術は応用分野も広く、確固たる地位を確保しつつある。

ブロックチェーンの別名は「分散型取引台帳」で、形式としてはピア・ツー・ピアと呼ばれる技術である。これは中央集権ではなく、ユーザー同士が演算を管理しているという意味を持つ。おおまかにいうとユーザーみんなで記録を分散して演算し管理するという技術であり、ビットコインに代表される仮想通貨で広く用いられている。

最大のメリットは取引履歴が改ざんされにくいということと、中央集権ではないということになる。

課題もある。最近マウント・ゴックスやコインチェックなどの仮想通貨取引所で起きた事件は、内部のシステムをハッキングして仮想通貨を盗み出すというケースだ。全てのトランザクションが記録されているので、理論的にはそれをもとにトレースしていくことができるが、現実的には膨大な手間がかかるうえに、プライバシーの問題もあり、個人を特定するのは難しい。

実際、先日コインチェックから流出した仮想通貨NEMの動きを一部の有志がしばらく追いかけていたが、ほとんど全額が他の仮想通貨に換金されてしまった。NEMの推進団体である「NEM財団」は、追跡結果を当局に提供したが、結局、追跡は打ち切りとなった。

ともあれ、ブロックチェーンの根幹にあるのは、人と人を反中央集権で繋ぐというコンセプトである。このコンセプトのもとにある哲学は金融の自由化であり、現体制への反発である。

こう考えるとウーバー事業もそのようなコンセプトに基づいているとも言えなくはないと思うのだが、読者のみなさんはどう思われるだろうか。

タクシー産業も、もともとは行政機関の規制下で成長してきた産業だが、時代のニーズに対応しきれたとは言えず、結果的に民間人が民間人を支援するという相互扶助的なウーバーがその座を奪うこととなった。

ウーバーはもちろんマッチングやプライシングをコントロールしてはいるが、あくまでもプラットフォームとして中立的な位置を維持しているとも言える。それぞれの運転手は従業員ではなく個人事業主であり、ウーバーは、ライドを必要とする一般人と彼らを繋いでいるだけなのである。

このコンセプトが斬新なものであったため、当局も当初はどう取り締まるべきかわからなかったはずで、その間にウーバーは大きく勢力を伸ばした。これはビットコインなどの仮想通貨にもまったく同じことが当てはまる。

旧態依然とした法規制が及ばない範囲で急速な進化を遂げ、既存産業を破壊する製品やサービスというのは、えてして、「合法」と「非合法」の境目、いわゆる「脱法」的な立ち位置となっているものである。

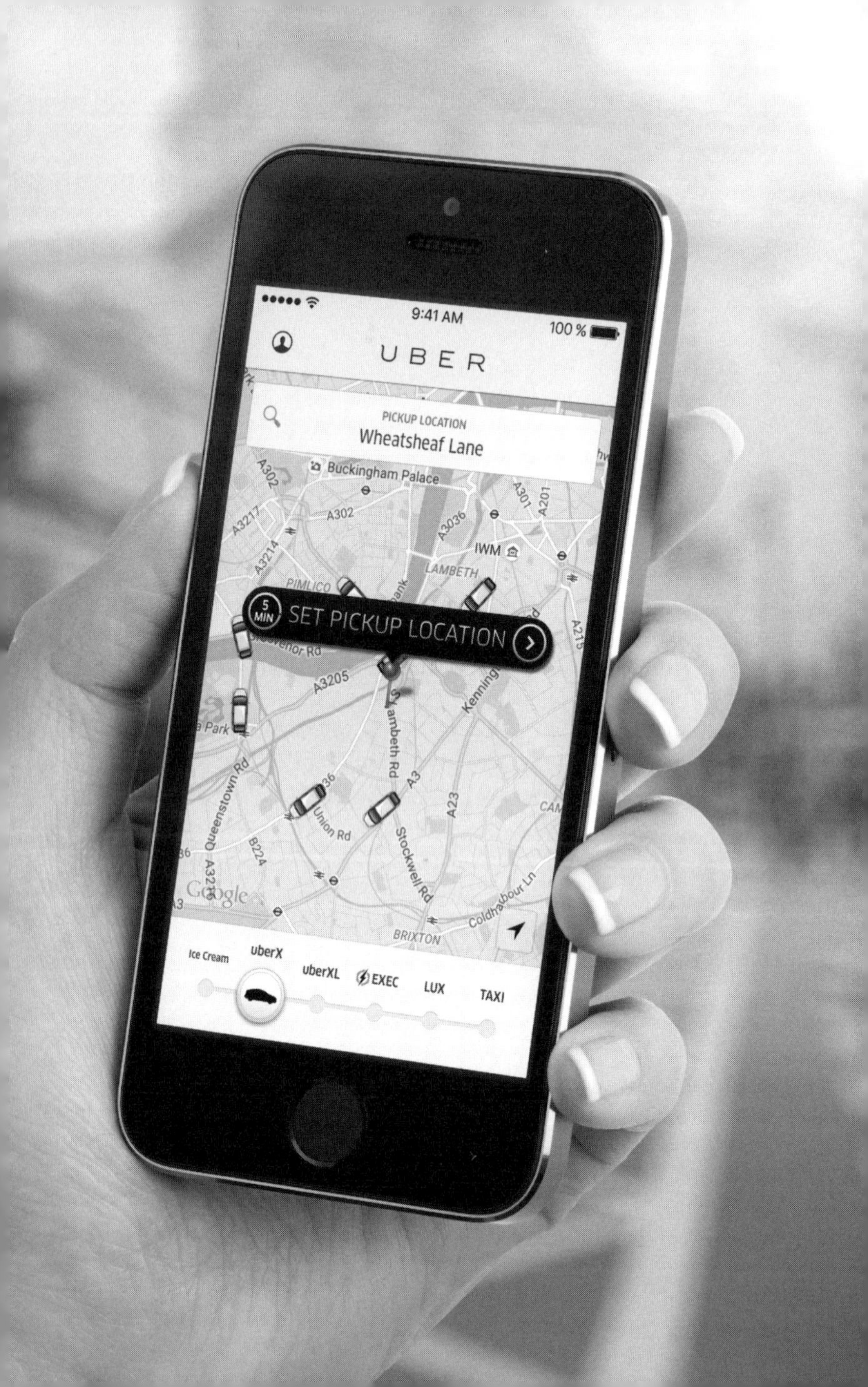

9:41 AM
100 %
UBER
PICKUP LOCATION
Wheatsheaf Lane
Buckingham Palace
SET PICKUP LOCATION
5 MIN
Ice Cream
uberX
uberXL
EXEC
LUX
TAXI

第二章　ウーバー〝解体新書〟

ウーバーの成功を支えた四つの背景

前章では、ライドシェアリング・サービスがどのように誕生し、いかに既存のタクシー産業との競争に勝ってきたのかを説明した。一見、サービスが生まれたのは必然のように思えるが、実は、このタイミング、今だからこそ、ウーバーは成長することができた。では、なぜ今なのか？　タクシーよりもコストが安く、利便性が高い「夢のシステム」の成長は、何に支えられてきたのだろうか？

ここでは、ウーバーの成長を支えた直接的要因を大きく四つのポイントで解説していこう。

それは、次の四つのポイントだ。

＊シェアリング・エコノミー
＊ＧＰＳとスマートフォンの普及と進化
＊ＡＩを利用した独自のアルゴリズムの構築
＊米国のキャッシュレス文化

＊GIS
Geographic Information System の略。「地理情報システム」と訳されている。地理的位置を手がかりに、位置に関する情報を持ったデータ（空間データ）を総合的に管理・加工し、視覚的に表示し、高度な分析や迅速な判断を可能にする技術。

まずは、何といっても「ライドシェアリング」というビジネス潮流を支えた経済活動の影響が大きい。シェアリング・エコノミー、共有型経済とも訳される。モノを共有したり、いっしょに何かを行うといった活動は古くから行われていたが、それがインターネット、またはネット上のソーシャルメディアの進歩によって、効率化、大規模化していった。

次に背景として大きいのは、スマートフォンの普及という「時宜を得た」ことである。これには、ライドシェアリング・サービスの根幹を支える、GIS*（地理情報システム）やGPS**（全地球測位システム）の精度向上といったものも含む。

さらに、利用者が使用するアプリを支えるテクノロジーの部分。これには、機能性を最大活用するUI***（User Interface：ユーザー・インターフェース）やUX****（User Experience：ユーザー・エクスペリエンス）に裏打ちされたデザイン、そして乗客と運転手のマッチングを行うアルゴリズムの部分がある。これにはAIやビッグデータが大活躍している。

＊＊GPS
Global Positioning System の略。地表から約2万キロを回る約30機のGPS人口衛星を使い、位置を特定する仕組み。全地球測位システムともいう。誤差数メートルとされ、カーナビゲーション・システムのほか、携帯電話やノートパソコン、防犯装置などに搭載され、応用範囲が広がっている。

＊＊＊UI
User Interface の略。ユーザーと製品・サービスの「接点、接触面」のこと。ホームページなら、画面に現れるフォント、色調など、パソコンなら本体の外観、デザインなど、ユーザーの目に触れる部分や使用する部分は、すべてUIとみなすことができる。

＊＊＊＊UX
User Experience の略。ユーザーが製品・サービスを通じて得られる体験のこと。デザインの心地よさといったことから、商品を注文したらすぐに届いた、対応が丁寧だったなど、サービスを利用する一連の行動の中で、ユーザーが感じたこと全てがUXになる。

シェアリング・エコノミーという経済活動

前章でもお話ししたが、ウーバーはライドシェアリングという新しいビジネス潮流のサービス形態に分類される。これはさらに、シェアリング・エコノミーという経済活動に分類されるものである。

シェアリング・エコノミーは「共有型経済」とも訳される。あるプラットフォーム上で、「モノ」を人々と共有したり、あるいは交換することで成り立つ経済モデルのことだ（図21）。

シェアリング・エコノミーにおいては、まず、プラットフォームが存在する。そのプラットフォーム上で、モノを提供する人々と、モノを求める人々が取引を行う。そのプラットフォームはある企業が運営しており、ウェブやアプリを通して、需要と供給をマッチング、仲介を行う。

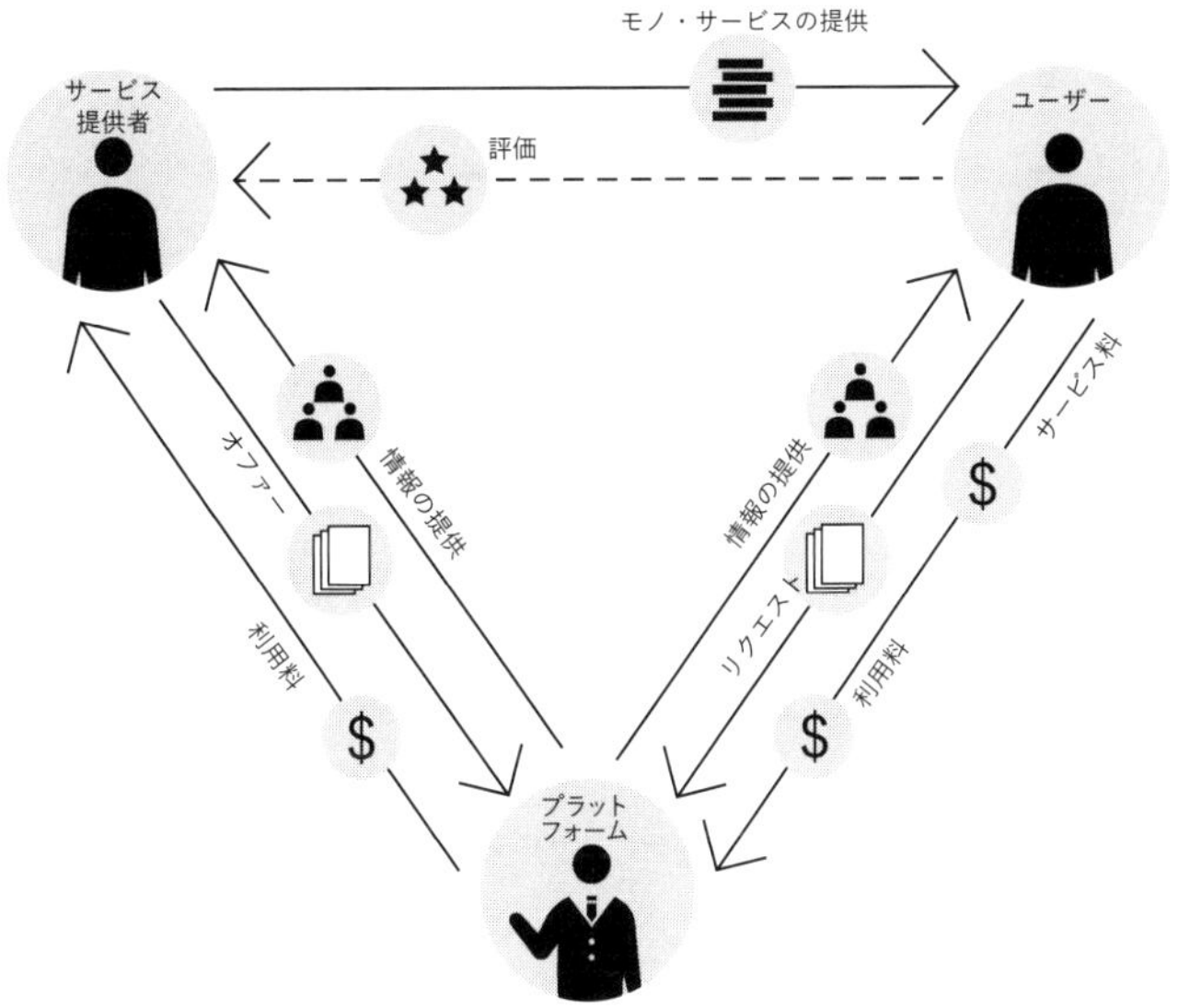

図 21　シェアリング・エコノミーの仕組み。プラットフォーム上では、さまざまなモノ・サービスが取引される

取引ごとの手数料が企業の取り分となるので、企業は取引の活性化をすべく、取引の安全性や効率を上げるルールやサービスを提供していく。

「シェア」という言葉は元来、モノの分配や共有を親しい者同士で行うことを意味していた。しかし、二一世紀のシェアリング・エコノミーは、三つの意味で、それまでのものとは大きく異なる。

まず、インターネット、そしてインターネット上のソーシャルメディアが与えた影響は大きい。参加者が実名性の高いアカウントを使い、取引を行うたびに互いを評価するため、売り手も買い手も、不誠実な行いがしづらい。その結果、見知らぬ人同士の取引についても信頼を担保。不特定多数の人々と、安心してシェアすることが可能となった。

次に、今のシェアリング・エコノミーでは、モノやサービスの対価としてお金が支払われる。取引がより効率化され、スピードアップされることで、利用者数や市場規模も飛躍的に拡大した。

そして、取り扱うモノが多様になった。驚くことに、サービス（人的資源）、あるいは場所（空間）といったモノも共有され、交換されているのだ！

AIRBNB	UBER	WEWORK	FIVERR	KICKSTARTER
設立年：2008 ユーザー数： 150,000,000人 世界各国で展開	設立年：2008 ユーザー数： 40,000,000人 570の都市で展開	設立年：2010 メンバー数： 30,000人 13か国で展開	設立年：2010 世界各国で展開	設立年：2009 支援者数： 12,846,429人 世界各国で展開
市場価値 300億ドル	市場価値 500億ドル	市場価値 160億ドル	総売上 1億1000万ドル	プロジェクト保障金 30億ドル

図 22　おもなシェアリングサービス。さまざまなサービスが台頭してきている

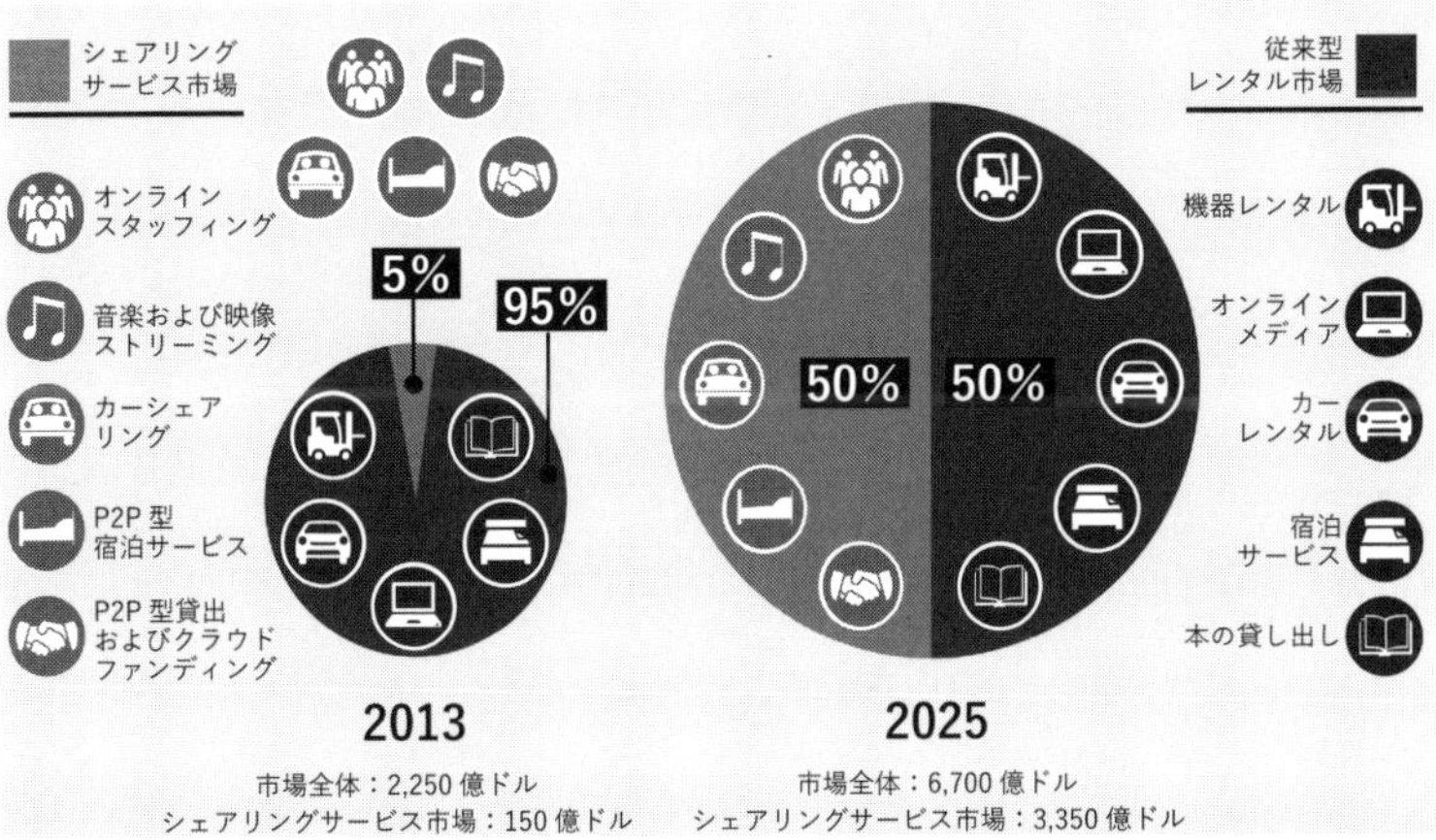

図 23　シェアリング・エコノミー市場はこの 10 年でさらに拡大。2025 年度には 3350 億ドルもの巨大産業になる見通しだ

これらの影響も相まってだろう。ＰｗＣの推計によれば、二〇二五年度には、シェアリング・エコノミーは、なんと３３５０億ドルもの市場規模にまで拡大し、巨大産業になる見通しだ。

なお、既存のリソース（資源）をシェアするという意味では、一般民家をＢ＆Ｂ（ベッド＆ブレックファスト）として第三者に貸し出すエア・ビー・アンド・ビーもウーバーと同じカテゴリに属するサービスだ。しかも両社は、前述のように、ほぼ同じような時期に産声をあげている。そしてともに、既存勢力と戦いながらそのシェアを急速に拡大してきたという共通点がある。

GPSとスマートフォンの誕生と進化

①スマートフォンの爆発的普及

シリコンバレー、ひいては全てのビジネスの成功の背景には、時宜、タイミングというものが大きく作用する。ウーバーが誕生した背景にも、絶妙な時代的恩恵があった。少し早くてもそれは実現不可能だったかもしれないし、遅れていると、他の競合会社にその地位を潰されていただろう。あるいは、市場の規模がはるかに小さかったかもしれない。

どういうことか？　ウーバーアプリの利用を可能にした背景を語るのに、スマートフォンの存在は欠かせない。

スマートフォンは文字通り、多機能で「賢い」端末である。もともと一九九〇年代後半から二〇〇〇年代初頭にかけて普及したブラックベリーなどのフィーチャーフォン*がその普及の土台を築いたが、爆発的な市場成長のきっかけとなったのは、アップルのアイフォン（iPhone）だ。

二〇〇七年六月に米国で発売された初代機は610万台という記録的な売上を記録。それからは通信速度の向上と、CPUとメモリの高機能化が、その世界的普及を支え、二〇一七年度の世界出荷台数は14・7億台。自由にアプリケーション（アプリ）を端末にダウンロードして利用できるのが革新的で、デスクトップやノートパソコンを介することなく、多種多様なサービス

*フィーチャーフォン　スマートフォンと区別する形で、それまでにあった携帯電話のこと。別名ガラケー。スマートフォンの普及にともない生産の終了が決定している。

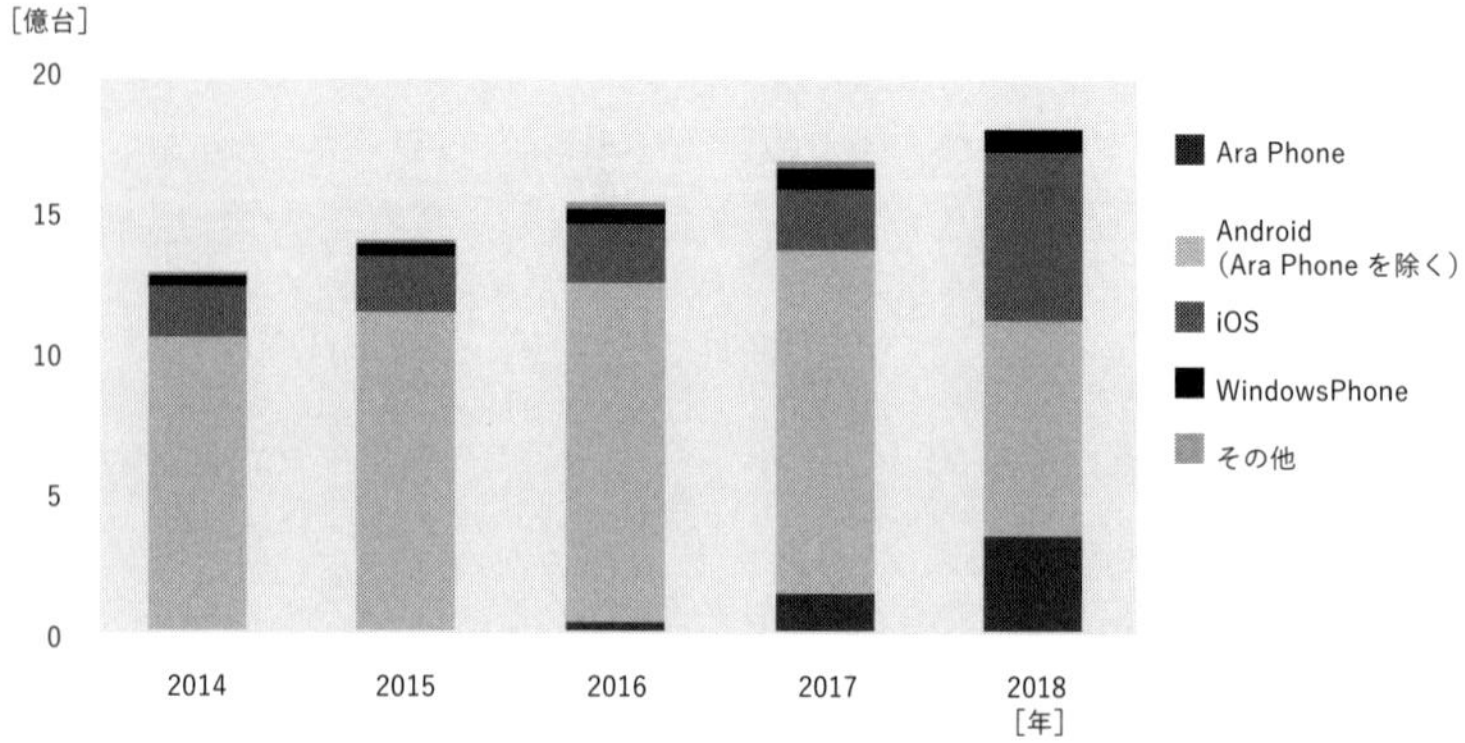

図 24　スマートフォンの出荷台数の推移。2007 年頃から急激に増加し、2018 年度には 20 億台に達しつつある

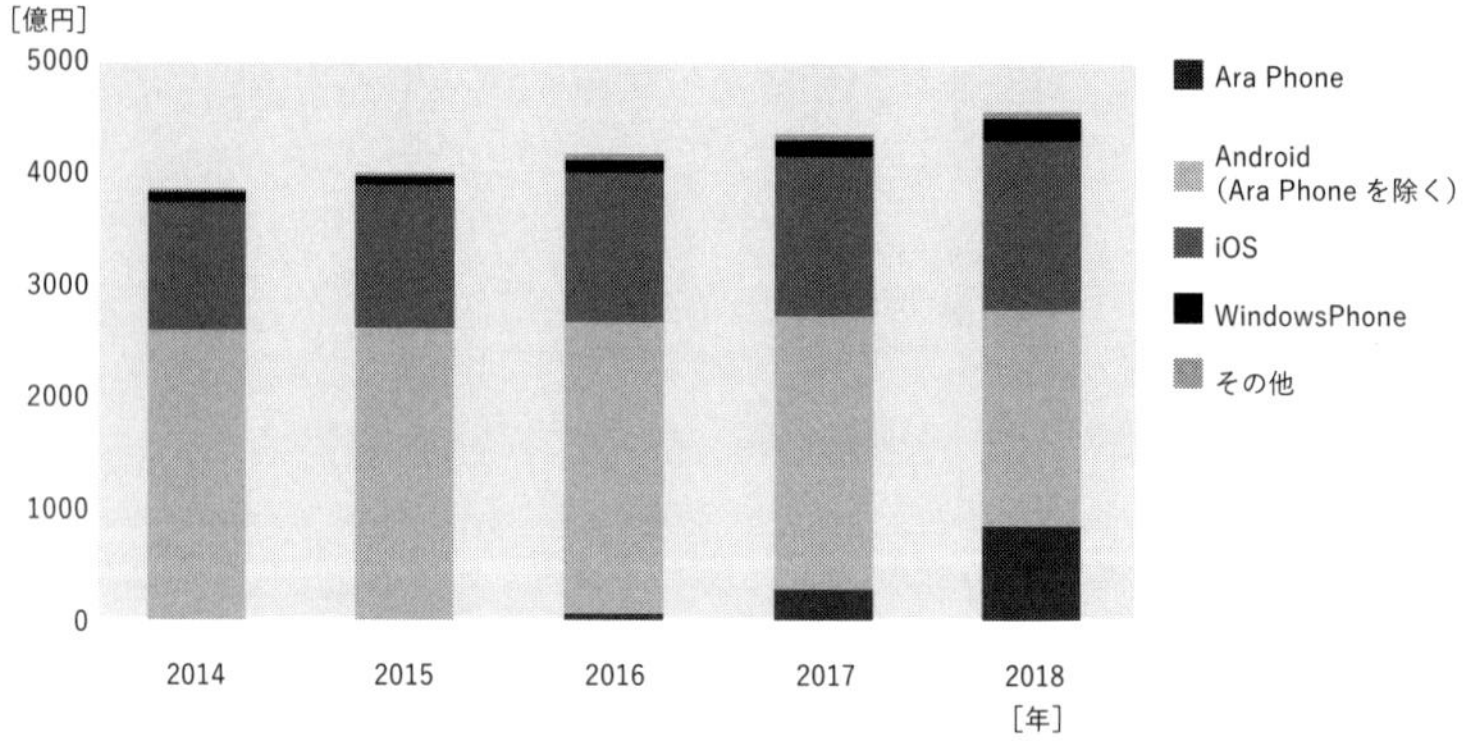

図 25　スマートフォンの販売額の推移。同じく 2007 年頃から急激に増加し、2018 年度には 4000 億ドルの市場規模となっているが、市場は飽和状態に近づきつつある

が利用できるようになった。場所を問わない常時接続の環境が整ったことで、ウーバーやエア・ビー・アンド・ビーのような、外出先で使うのが前提のサービスが隆盛を誇るようになった。

米国でのスマートフォンユーザー数は2・24億人で、所有率は7割弱。米国でも日本でも、もはや子どもや老人にもかなり普及してきている感がある。ユーザーが増えることにより、端末だけではなくインストールされるアプリ間の競争も激化。後述するようにＵＩやＵＸに対する工夫が凝らされ、機能性や視認性がかつてなく重要視されている。

こうして、スマートフォンの出荷台数は伸長し続けてはいるものの、市場は飽和状態に近づいている。米ＩＤＣ（Internet Data Corporation）によると、二〇一七年度は全世界の出荷台数が初めて前年度を割り込んだ。

②地理情報システムを活用した、地図アプリの精度向上

スマートフォンの普及がもたらした恩恵は、ユーザーを増やしたことだけではない。もう一つの大きな役割、それは、地図アプリの普及だ。

全ての端末に地図アプリが搭載されるようになったのは、ご承知の通りだ。この地図アプリ発展の立役者は、GIS。カーナビなどでおなじみの技術だ。

この技術革新なくしてウーバーの発展も考えにくい。全ての運転手は、スマートフォン上のウーバーのアプリ（当初はウェブアプリだったが、のちにネイティブアプリ*に変更）を利用して、顧客を迎えに行き、そして事前に指定された目的地まで送り届けている。

最近ではこのようなGIS連動型のアプリはたくさんある。経路探索のアプリでいえば、グーグルやアップルは、純正アプリを出しており、それぞれのスマートフォンに搭載されている。

それ以外に、ウェイズ（Waze）というアプリも米国では人気だ。これは、渋滞情報をコミュニティでシェアできる、世界最大のコミュニティ型カーナビアプリだ。事故の様子などを写真に撮ってアップロードすることで、同じ経路を通ろうとする人に共有できるのが特色だ（二〇一三年グーグルが買収）。

他にも、インスタグラム（Instagram）やスナップチャット（Snapchat）、

＊ネイティブアプリ
アップルやグーグルのストアからアプリをダウンロードし、端末へインストールするもの。一方、ダウンロードは不要で、WEBブラウザ上で動くアプリを「ウェブアプリ」と呼ぶ。

フェイスブック（Facebook）といったソーシャルメディアアプリにも、チェックイン機能や、移動経路表示機能が搭載されている。ARとジオの融合の例では、世界中で社会現象とまでなったポケモンGO（Pokémon GO）や、その前進の陣取りゲームのイングレス（Ingress）などが代表的だ。

③スマホによる地図情報のリアルタイム検索

実際に、この過去一〇年ほどで、GISやGPSを取り巻く環境に大きな変化があった。通信規格が3GからLTEへと移行したことが大きいのだが、実はそのとき、もう一つの大きな出来事が並行して起こっていた。

GPSやGISに詳しい、OS Geo 財団日本支部代表の岩崎亘典氏によると、地図情報の進歩に加えて、その地図情報を「一般的な」サービスとして提供するグーグルマップ（GoogleMap）やオープンストリートマップ（OpenStreetMap）などが出てきたことだとされる。

それまでは、カーナビの地図など、地図情報を内部で自製していたのが、その部分は省略して、サービスの部分だけに特化できるようになった、というわけだ。たとえば、地図の無料アップデートなど、ユーザー的には何ともありがたいサービスだ。

そのカーナビは、今ではすっかりスマホ（スマートフォン）に取って代わられつつあるが、そもそもの前提としてスマホにＧＰＳがついたのが大きな進歩だった、と岩崎氏は言う。今でこそ当然だが、考えてみれば、まだ一〇年かそこらの話だ。

もちろん、米国以外にもロシア、ＥＵ、そして中国がＧＰＳ衛星を打ち上げて、測位の精度が上がってきたことも近年の特徴で、最近では、ＧＰＳより、ＧＮＳＳ（Global Navigation Satellite System：全世界測位システム）という言葉のほうが一般的になりつつあるそうだ。

運転手の側から見ると、非常に重宝するのは経路検索だ。渋滞情報や時間短縮できるときには、別経路も教えてくれる機能など、紙時代には考えられなかった。

経路検索自体は、古典的なＧＩＳの機能で、それがリアルタイムに拡張されただけだとも言え、各社が個別に作っている場合もあるし、pgRouting というオープンソースもあるが、ここで重要なのは、処理速度だ、と岩崎氏。いくら情報があっても、経路検索結果が出るまでに数分かかるようでは役に立たない。

もちろん、これには、並行して進んだ通信速度の向上やスマホ自体のスペック向上も大きく貢献しているのは言うまでもない。

グーグルマップの登場は二〇〇五年で、アイフォンは二〇〇七年。それ以前はガラケーだったので、私自身、地図サービスは不便だったのを記憶している。そして、ウーバーの創業は二〇〇九年春だ。その前年にスマートフォンは世界で1億3900万台出荷されているが、なかでもアイフォンが245%伸長と、爆発的な成長が話題になっていたのは前述の通りだ。

岩崎氏は続ける。

「二〇〇七年をパラダイムシフト*が起こった年だと指摘する識者もいます。よい土台ができて勝負できるようになったからこそ、ウーバーのようなサービスが爆発したということでしょうね」

*パラダイムシフト
その時代や分野において当然のことと考えられていた認識や思想、社会全体の価値観などが革命的にもしくは劇的に変化すること。パラダイムチェンジともいう。

実はＵＣＬＡ（カリフォルニア大学ロサンゼルス校）にいたとき、私は、新年度のコース・カタログに面白そうな授業を見つけた。それは地理情報システム（ＧＩＳ）という名前の授業だった。興味を惹かれて受講したが、授業で使われていたソフトは、ウィンドウズＯＳでは稼働させられず、地理学部の図書館に置いてあるユニックスを搭載した専用端末を利用する必要があった。なかなか思うように動かせず数時間もモニター画面の前に張り付いて悪戦苦闘したものだ。今では簡単にネットで見つけることができる資料も、当時一から自分で作る大仕事だった。なにせのちに世界を震撼させるインターネット界の巨人グーグルがガレージで誕生した一九九八年のことである。

日々、後悔しないことを信条に生きているつもりだが、学生時代のことで一つだけいまだに妄想することがあって、それが、「もしもあのとき、このＧＩＳを専門的に勉強し続けていたらどうなったのだろう？」ということだ。

今頃は日本人のＧＩＳ権威や専門家として、あるいはエンジニアとしてどこかの大企業や官公庁などで仕事をしていたのだろうか？　それとも、それを活用したシリコンバレーのスタートアップ企業でＣＴＯ（チーフテクノロジーオフィサー）なんて洒落た肩書を持っていたかもしれない、と。

というわけで、私は結局、そのGISの学習を継続しないで終わった。しかし、あとで知ったことだが、同時期、そのUCLAにウーバーの創業者トラビス・カラニックもいたのだ！　そして彼は、私が卒業する前にとっとと退学して起業家の道を歩んでいったのである。

AIとビッグデータの活用により、全てを管理する「神アルゴリズム」

ウーバーがウーバーたり得た最大の理由は、AIを利用した独自のアルゴリズムの構築である。詳細については企業秘密になっているのだが、おもに次のような目的で利用されている。

＊ユーザー情報の管理　ユーザーのプロフィール、課金情報、レーティング

＊ユーザーと運転手のマッチング　近隣にいる運転手とユーザーを繋げる役

割をする。

＊プールなどの相乗り時のマッチング　ユーザーAの目的地方面に向かいたいユーザーBを経路内で拾って、いっしょに連れていく。

＊最適な走行ルートの自動化　道路の混雑状態などを加味して、最適な道順を示す（運転者は通常ウーバーアプリ、あるいはグーグルマップ、あるいはウェイズを選択することができる）。

＊混雑に応じて値段が変わるサージシステムの計算　特定の時間帯や地域で極度な需要過多が起きている場合は×1・3（1・3倍）、×1・5（1・5倍）というように料金が変動する仕組み。

①進化する相互評価システムと報告機能

アマゾンやアップルのApp Storeなどに代表されるオンラインストアなどで、すっかり馴染みになった5つ星型の評価システム。これまでの利用法というのは基本的に他のユーザーがそれを購入の参考にするというものだったが、ウーバーのシステムは一味違う。なんと評価が双方向なのである。

1～5までの個別の評価をもとに、その平均値を小数点以下二桁まででスコアとして表示するのは運転手も乗客も同じ。

乗客側は運転手がマッチングされるまで運転手のスコアを見ることができないのに対して、実は運転手側にはマッチングされた相手のスコアを見て、受諾するかどうかを判断することができるのだが、スコアをもとに乗車拒否が起こることはまずないと言ってよい。

ただ、スコアが低めの数値であれば、その乗客に対する接し方に配慮が必要、と身構える運転手は多いかもしれない。極端に低い評価というと、4以下などになるが、あまり低いとウーバー側から口座凍結をくらってしまう。

運転手に対する乗客からの評価は、乗客に対する運転手からの評価よりも厳しめになるのが一般的だ。

ドライバーはだいたい4・7ほどのスコアを維持するように奨励されている。もし、それより大幅に低めのスコアの運転手がいたら、運転回数が少ないなかで誰かに低めの評価をつけられたのかもしれない。これは初心者の時

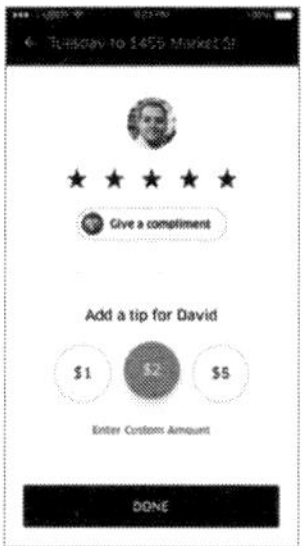

図26　乗客の画面。個別評価をもとに、その平均値がスコアとして表示される

期に不手際で、誰しもが経験することである。しかし、もし回数が多い（1000回以上など）のにそれだと少し難ありである。そう思えるくらい、通常通り仕事をこなせば、ほとんどの場合、満点の5つ星をもらえる仕組みになっているし、それが推奨されるような流れになっているのだ。

もちろん、評価をせずそのままにする人も多くいるようで、運転手側のアプリの評価回数と運転回数に乖離があるのはそのためだ。

運転手側が評価を気にするのは、スコアが低いと警告を受けるからだ（前述のように、乗客もスコアが低すぎるとサービスを利用できなくなるわけだが）。また、おそらく表に見えない部分でこのスコア以外の諸データも収集されていて、それがマッチングや経路探索に利用されている可能性が濃厚だ。

つい先日まで、ドライバーダッシュボードという画面があり、ブレーキのタイミングやスピードの出しすぎなど三項目についてアラートが出る仕組みが導入されていた（現在は非表示）。

運転手の心理状態としては、評価が高いと評価が高い乗客や単価の高いライドを回してもらえるのではないか、という期待を持つが、実際この数値や他のパラメーターがどのように利用されているのかを知る術はない。

ウーバーはこの評価をオペレーションのアルゴリズムにうまく組み込むことで、ビジネスを成長させてきた。ウーバー側からすると、お互いに評価し合う運転手と乗客の「双方が顧客」であるという事実が、この仕組みの活用方法と意義を見た目より複雑なものとしているのだが、それについては専門家のコメントとともに後述したい。

②需要と供給をバランスし、ドライバーにインセンティブを与える「ダイナミック・プライシング」

最近何かと話題になるＡＩ。ＩＢＭのワトソンを搭載したソフトバンクのペッパー君は有名な例だが、まだまだ一般消費者の生活に浸透しているとは言い難い。しかし、目に見えないところで、その普及と進化はかなり進んできている。

ビッグデータ、マシンラーニング、ＡＩ……これらのキーワードを耳にする機会はどんどん増えてきており、シリコンバレーでも最近トレジャーデータというビッグデータを扱う日系スタートアップが、大手半導体企業ARM（最近ソフトバンクが買収）に約6億ドル（660億円）という巨額で買収されたのが記憶に新しい。

この点を、今年東証マザーズに「AI銘柄」として上場（初値ベースで約1600億円）した日本有数のAIカンパニーである株式会社HEROZの林隆弘社長にうかがってみた。

同社はB to B向けのAIを活用した開発・運営を得意としている開発会社で、B to C向けでは「将棋ウォーズ」というアプリが有名。史上初めて現役の名人に勝ったPonanzaをはじめとした最高峰の将棋AIを開発したエンジニアたちが在籍することでも知られており、デロイトトーマツのテクノロジーFast 50で成長率一位（二〇一四年度）として表彰された実績を持つ。

林社長はウーバーを、草創期の二〇一〇年頃にサンフランシスコ市内で利用したことがあるという。同地を訪れていたのはテック系イベントに参加するためで、当時シリコンバレー界隈でも有名になりつつあるということで試しに使ってみたそうだ。黒塗りの高級感のある車（当時はまだウーバー・キャブとして運営していた）が来たそうで、サービスもよく決済もスムーズだと好印象だったとのこと。ライドシェアのビジネスモデルをどう評価したのかと尋ねると、下記のようなコメントが返ってきた。

「まだ日本にはほとんどなかった、シェアリング・エコノミーの仕組みが実際に機能しているというのを見て、感銘を受けました。ネットビジネスの特性を存分に活かしていて、ビジネスとしてスケールしそうだと感じましたね。法的リスクが大きそうだけども、米国では既存のタクシー市場をディスラプトして大きくなりそうだなと思いました」

ＧＡＦＡ*を受け入れて大きく育てた米国の環境下では成長しそうな予感がしたが、では日本ではどうかというと、許認可の問題と都心部では比較的タクシーがつかまえやすい日本とそうでないアメリカの違いが結構大きいのではないかと感じたそうだ。

＊ＧＡＦＡ
世界的に個人データを圧倒的な規模で集めている企業のこと。検索エンジンやクラウドなどを提供する「グーグル（Google）」、デジタルデバイスやソフトウェアなどを提供する「アップル（Apple）」、ＳＮＳを提供する「フェイスブック（Facebook）」、世界最大のネット通販（電子商取引）を運営する「アマゾン（Amazon.com）」の４社の頭文字をつないだ造語。

その後、米国出張の際に何度もウーバーを利用したという彼は、専門家としてウーバーのＡＩ・ビッグデータ活用をどうとらえているのだろう。意外なことに、相互評価に基づくドライバーと乗客のマッチングの部分はそれほど複雑な話ではなく、シンプルなマッチングのアルゴリズムだろうと言う。

「おそらくマッチングの部分は何らかのロジックによる判断基準でシンプルに行っていると思います。リアルタイムの混雑を加味した走行経路の最適化、ダイナミック・プライシングの原理を応用したサージ・プライシングに関してもそうですね。機械学習は数字の最適化が非常に得意です。考え方として面白いのは、ウーバーの機械学習が目指すところが最大収益を出すことに特化している点だということです」

需要と供給の不均衡が起きたときに、それを調整するために価格を変動させて対応するダイナミック・プライシングの考え方自体は古くからある商慣習であり、典型的な例の一つが航空券やホテルの例だ。その事情が最近異なりつつあるのは、スマートフォンと連動したリアルタイムな取引に対応するほどの速度で値段が更新されることである。

なので、ライドシェアリングに慣れた乗客は値段がいつもより高いとアプリを立ち上げ直したりして値段の更新を待つか、別のアプリと比較するという行動をとる人が多い。したがって、ウーバー側としては直接の競合となりやすいリフトの値段を常に意識する必要がある。


実はこのダイナミック・プライシングは、顧客のロイヤリティを損ねる可能性があることを専門家はよく知っている。

コスパのよさで有名だった某日系ホテルがこの仕組みを採用した結果、海外からのインバウンド需要に呼応する形で価格帯が急激に跳ね上がった。その結果、もともとリーズナブルな価格を売りにしていただけに、人気が落ちてしまったのは、その典型的な例だ。私自身も出張で以前はよく使っていたが、最近では使う機会がめっきり減った。

しかし、ここで大事なのは、ウーバーの場合、乗客だけでなく「運転手も顧客」である、という点だ。では、どちらの満足度が優先されるべきなのだろうか、という疑問が浮かび上がってくる。これについて彼はこのように締めくくった。

「ウーバーからすると、乗客も大事ですが、競合サービスと優秀な運転手の囲い込みで競っているという点で、運転手も重要な顧客なのです。

エンドユーザーの観点からすると、ダイナミック・プライシングは安心感がないというデメリットがあり、サービスに対する不安や不信に繋がりかねません。しかし、もはや安定した顧客層（需要）を抱えるウーバーは、サービス自体の安定供給を維持するために、運転手側に対してインセンティブを与えることに注力しているのは間違いありません。運転手が不足し供給が追いつかない事態がサービスの持続可能性を損なう最大のリスクだからです」

③UI&UXが考え尽くされたアプリデザイン

AIとビッグデータから得られた機能を実際に、ユーザー（運転手と乗客）が利用する際に重要なポイントとなるアプリデザインについても、ここで、考察しておこう。

前述のように、最近はUXという言葉がUIとともに用いられるようになってきている。利用者がいかに快適にそのアプリやサービスを利用することができるかを考えて開発していくための視点であり手法だ。

ＵＩとＵＸに重点を置いた製品開発姿勢を一貫して続けてきて成長を遂げた企業の典型的な見本といえばアップルだ。美的感覚に優れたデザイナーやクリエイターたちから絶大な支持を受けて成長した同社は、米国で初めて時価総額1兆ドルの大台に達した。

そのあとを追って、今年その大台に到達したのがアマゾンだが、米国のテクノロジー市場で最先端を走る四大企業ＧＡＦＡ各社はもちろんのこと、成功を追求する全てのスタートアップ企業が細部までこだわるのが、ＵＩとＵＸなのである。

必然的に米国にはこのＵＩやＵＸに特化したエンジニアやコンサルタント、デザイナーが多くいて、関連教材やセミナー、資格といったものも充実している。いまや世界規模で人気のアプリは数億人というユーザーを獲得する時代。専門家は、国境や文化の壁を超えた機能美と様式美の実現に飽くなき探究を続けることを求められているのである。

そして、そんな専門家の視点から見ても、ウーバーのアプリは、このＵＸとＵＩについて市場での最高水準を満たしていることがわかる。

私の住むロサンゼルスから車で二時間ほど、メキシコ国境の手前にあるサンディエゴ市に、日系では珍しいＵＸのコンサルティング会社 UX PRESS がある。同社で代表を務める井出健太郎氏の専門はグローバルＵＸ戦略。ＨＣＤ*の認定資格を持ち、そのプロフェッショナルとしての活動も行っている。彼の前職はサンディエゴに本拠地を持つソニー・エレクトロニクスのリードＵＸエンジニアで、グローバル製品のＵＸのプロジェクトを海外含め、１２０件こなした実績がある。在米日本人でも稀有な経歴と専門性を持つ井出氏に、ウーバーやリフトのＵＸについて尋ねてみた。

*ＨＣＤ
Human Centered Design（「人間中心設計」）の略。モノを作る側ではなく、使う人間の要求に答えるためのモノづくりをするというアプローチ。ＨＣＤ-Ｎｅｔでは、その認定制度を実施し、専門家を育成している。

「アプリのクオリティやサービスエクスペリエンスについて言えば、ウーバーやリフトは全体的にとてもポジティブなＵＸを提供していると言っていいと思います。国土が広大で、日本のように公共交通機関の発展していないアメリカでは、仕事・プライベートを問わず車が必要で、そこに登場したウーバーなどのライドシェアリング・サービスの、タクシーと比べ格安な料金設定は、基本的に全てのユーザーにとって好意的に受け止められています。

さらにお金に余裕のない学生には、ウーバー・プールやウーバー・エクスプレス・プール（運転手が送迎しやすいように若干の移動を強要される代わりに費用が抑えられる）のような相乗りオプションが提供され、逆に料金よりもエクスペリエンスを重視する高所得層には、こちらもタクシーにはない、ウーバーLUXなど高級グレードを選択できるオプションが用意されているのです。

こういった各年代・所得層に合ったフレキシブルなサービスを提供することで、ユーザーにとって最適なエクスペリエンスが提供できていることが、アメリカを含め多くの国で幅広い顧客層から高い支持を受けている大きな要因だと思います。

また、リフトは北米限定ですが、ウーバーは現在世界七二ヵ国（二〇一八年三月現在）までサービスを拡大しています。米国にはグローバル企業も多く、国境を接しているメキシコ、カナダをはじめ国外出張も多いと思いますが、ウーバーなら初めて行く国でも、ほぼ同じサービスが、同じUIと操作感で享受でき、同じクレジットカードで決済ができる。出張の多いビジネスマンにとっては利便性だけでなく、安心感をもたらしています」

ここまで読むと、いいことだらけのようだが、UX面での問題点はないのだろうか？

「いかにUIや機能を含めたシステムがよくても、実際に使うのは人間。そこで、運用する現場サイドでは、UX上さまざまな問題が起きています。たとえば、利用客にミネラルウォーターを用意するなど、UXを意識したドライバーがいるかと思えば、ナビゲーションがついているにもかかわらず、道を間違えるドライバーも多い。エアコン、ステレオ、窓の開閉も、利用客に断りを入れてから行うドライバーもいれば、黙って行うドライバーもいます。

つまり、一定のエクスペリエンスが提供できているわけではない。UXにおいてコンシステンシー（Consistency：統一感）はたいへん重要な要素です。

もちろん安定したＵＸを提供するために、ウーバーもリフトも、ドライバーを評価する機能を用意しており、ユーザーは乗車前に確認できるのですが、いざ車を呼ぶときには、急いでいることも多く、評価が低いから見送るということはあまりできないのが現実のようです。

また、ドライバーから乗客を評価する仕組みもあるので、ドライバーからの報復評価を恐れてネガティブな評価はしないというユーザーも増えているのが現状です」

ウーバーやエア・ビー・アンド・ビーのようなシェアリング・エコノミータイプのサービスでは、このように「サービスの運用面」がグレーゾーン化することが多い。安定したＵＸが提供できるかどうかが今後の課題だと言えそうだ。

次に米国人の専門家の意見を聞いてみよう。米国の配送業者大手ＵＰＳや北米トヨタとレクサスで勤務経験があり、現在はシリコンビーチのフィンテック*企業で働くジミー・オン氏。二〇年にわたるソフトウェア設計と開発の

*フィンテック
金融（Finance）と技術（Technology）を組み合わせた造語。金融サービスと情報技術を結びつけたさまざまな革新的な動きを指す。

経験を持ち、現職は製品開発とデザインのVP（Vice President）。ニールセン・ノーマン・グループ認定のUX管理の資格を持ち、近年は、おもにモバイルとウェブデザインの領域で専門性を活かして活躍している。ウーバーのヘビーユーザーでもある。

「二〇年間プロダクトデザインと開発に携わってきましたが、最近更新されたウーバーアプリのデザインを見て、その背後にあるリサーチや思想に感銘を受けました。

ウーバーのアプリは常にユーザー目線で設計されていて、直観的な操作ができるよう心がけられています。これは、運転手が使うアプリとして考えた場合、最も重要な要素です。画面の表示、ボタンの位置から、小さなアニメーションや動作音に至るまで、精緻な設計のもとにデザインされていると感じます。

最後の二つに関しては周囲に注意しながら運転している運転手の意識を阻害しないよう、最小限の指示を極めて認識しやすい画像と動作、音で表示しているのです」

直観的（Intuitive）というのはアップルのスティーブ・ジョブズが心血を注いだ部分でもある。機械にうとい人や子どもでも簡単に操作できるようにする、その精神がかつてはマイナーなプロダクトだった「マック」を市場から絶大な支持を受けるメジャーな製品群に育て上げたのである。では、ウーバーに改善の余地はないのだろうか。

「常にユーザーからのフィードバックに耳を傾けて改善を続けるというのが開発スタイルの王道ですので、これからどんどんよくなっていくでしょう。特にＡＩの試験的活用により、たとえば、顔認識やドライバーごとの運転履歴と運転スタイル、あるいは車のメンテナンスに関わるような情報までを収集していけるようになるのではないでしょうか。

一〇年以内には、これらのアプリの特性と自動運転の技術により、単にＡ地点からＢ地点に行くだけでなく、その周辺情報や関連するその他の情報とのマッシュアップなど、さまざまな進化が起こることに期待せずにはいられません」

米国のキャッシュレス文化

ウーバー躍進の背景となった要因として、最後に、米国のキャッシュレス文化を挙げておこう。

現金文化の根強い日本でも、最近はSuicaなどの電子決済が浸透するようになってきたが、もともとカード文化だった米国のキャッシュレスへの移行はより自然に進んでいる。アジアでも中国は、米国の先を行くと思わせるくらいにキャッシュレスが広がっているので、キャッシュレスはもはやグローバルな潮流といえるだろう。

日本は、ドイツと並んで現金決済文化だと言われているが、それでもカードが使えないタクシーというのは、ごく一部の個人タクシーぐらいだ。ところが、中国と並んでキャッシュレス文化国である米国で、私はタクシー料金をカードで支払ったことが一度もない。カード決済端末を持たないタクシーがほとんどだったからだ。

チップの兼ね合いもあり、米国のタクシーは極めて珍しい、そして悪名高い現金決済文化だった。このことが、タクシーからウーバーへと人々が流れる一因となったことは想像に難くない。

ウーバーでは料金はアプリに登録したクレジットカードやデビットカードから自動で支払われるようになっており、運転手との金銭の授受はチップ以外存在しない（チップもアプリ上から支払可能）。

①カード決済からモバイル決済へ

キャッシュレス文化の中でも、最近の潮流はモバイル決済だ。大手調査会社フォレスター（Forrester）の報告書によると、米国内のモバイル決済の市場規模は二〇一六年に１１２０億ドル、二〇二一年には２８２０億ドルに達する見込みだ。米国のモバイル決済は中国に比べて大きく遅れをとっているとされるが、これはもともとクレジットカード決済の普及が著しかったということと関連している。

小売店やレストランに特化したコンサルティング会社であるボストン・リテール・パートナーズ（Boston Retail Partners）の調査によると、現在米国市場で最も普及しているモバイル決済はアップルペイ（Apple Pay）で、36％のシェアを有しているとされる。また、22％が今後一年以内に導入したいと回答している。

アップルペイの特色はＮＦＣ（非接触決済端末）だということだ。アップル社の担当役員曰く、世界のモバイル非接触決済取引の90％を占めているとのこと。

余談だが、そのアップルストアなどの小売店でよく見かけるモバイル決済プロバイダーの一つにスクエア（Square）がある。二〇一八年八月二一日、同社は仮想通貨支払いネットワークの特許を取得したと発表した。仮想通貨取引サービス用のアプリ、スクエア・キャッシュ（Square Cash）は同年一月にローンチ（立ち上げ）されてから順調にダウンロード数を増やし、３００万ダウンロードを超えた。

②P2P決済サービス ベンモ（Venmo）

米国では会食など割り勘で行うことが多く、その際、お店の人にクレジットカードを複数枚渡して分割してもらうというのがよく見られる光景だった。それが最近はさらに進化して、スマホアプリを通じて即時に仲間に送金するというのが流行っている。

代表的なアプリはベンモ（Venmo）とフェイスブックのメッセンジャー経由。ベンモ社は現在ペイパル（PayPal）傘下となっているが、現在のモバイル決済総取引全体の四分の一を占めている主要プレイヤーだ。

個人間のマイクロ課金の文化が流行ったことにより、電子決済の流通量が増え、これが起因となってアメリカでも瞬時に他銀行間送金ができるようになった。現状日本では楽天銀行などのネットバンキングで、かつ同じ銀行の口座を保有している場合にのみ対応しているような状態だったが、日本でもついに全銀協（全国銀行協会）が二四時間三六五日の送金に対応を開始した。日本でもラインペイ（LINE Pay）や二〇一八年六月にサービスを開始した

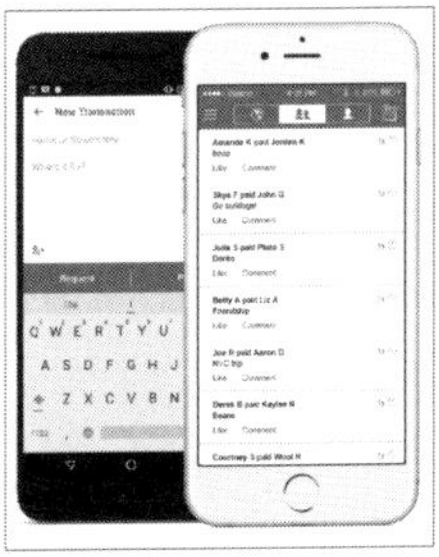

図27　スマホアプリを通じて即時送金できる決済サービスが流行っている

ペイペイ（Paypay）などの普及が期待されている。

モバイル決済は、一部のウーバー運転手にとってもライフラインとなっている。チップによってではなく、報酬の受け取り方法によってである。もともと週に一回だった報酬受け取りが、インスタペイ（InstaPay）の機能により、登録してあるデビットカード経由で銀行に即座に入金される。手数料は一回わずか50セントだが、さらにウーバー発行のデビットカードを申し込むことで、その少額手数料すら免除される仕組みだ。

昼夜、平日、週末の別を問わず、稼ぎが即時入金されるというのは、余裕のない運転手にとってたいへんありがたい機能だ。たとえば、ガソリンが足りなくなれば、都度売上金を自分のデビットカードと連携した銀行口座に移すことで、すぐに追加することができる。

ウーバーの運転手は富裕層とは言えない人が大半であるのが現状だから、キャッシュフローは重要なポイントなのだ。

私も運転し始めて、この機能を知ったが、使う必要性を感じなかった。一週間に一度入金があれば十分だと思っていたし、毎回（おそらく今より高かった）手数料を払うのもバカバカしいと思っていた。ところが、あるとき、お試しで使ってみたらその便利さにすっかり惹かれてしまった。わずか50セントの手数料なら気にもならない。

深夜の走行を終えて、家路につく前にボタンを押せば、帰宅するまでには口座にお金が入っている（実際にはものの数分である）。別にウーバーにお金を無利子で預けておく必要もない、とまで思うようになってしまった（笑）。

＊＊

ここまで、この第二章では、ウーバーがウーバーたり得た理由について、おもに外から見えるビジネスモデルの部分を解説してきた。ファクトと、専門家の意見を紹介することで、周辺情報が広く深くわかるような内容にしたつもりだ。

次の第三章では少し視点を変えて、投資家からの視点、さらに第四章では、私自身が一ユーザーとして、そして運転手として発見したことを中心に、そのビジネスモデルの分析を進めていきたい。

第三章　投資家から見たウーバー

投資の専門家でさえ「目利き」できなかった大型案件

ここまで、ウーバーがどういうビジネスで、どのような点が支持され、既存産業を倒して成長してきたのか、既存市場との違いを、技術面、ビジネス・エコシステムの全貌を通じて説明してきた。

すでにウーバーが米国だけでなく海外でも隆盛を誇っていることをご存知だった方の目には、ライドシェアリング事業の成功は必然だったように映るかもしれない。しかし、グーグルがサービスを開始する前に、すでに大手のヤフー（Yahoo!）があるからうまくいくわけない、と多くの投資家から言われたように、ウーバーも、草創期にはその法的リスクと既存産業の大きさから、やはり成長する見込みは限りなく低いと見積もられたビジネスだった。

事業開発コンサルタントをしている身からも、新規事業立ち上げの成功を占うのは極めて難しいことだと身に染みて実感している。ウーバーの創業を目の当たりにしたわけではないが、その「目利き」の難しさについて記憶に残る二つの出来事と、実際にシリコンバレーで活躍するベンチャー投資の専門家からのコメントを紹介する。

有名ベンチャーキャピタルたちにも見抜けなかったウーバーの将来性

二〇一六年にシリコンバレーで開催されたMOMENT 2016というイベントに参加したときのこと。登壇者は有名ベンチャーキャピタル（VC）の役員クラスの方ばかりだったのだが、そのうちの一人が発したコメントがとても印象的だった。

「私たちの最大の失敗はウーバーとエア・ビー・アンド・ビーの話をかなり早い段階で聞いていたにもかかわらず、そのいずれにも投資しなかったことです。人は失敗から学ばなければなりません」

シリコンバレーのVCと言えば、目利きが命であることは言うまでもない。それこそ無数にあるディールの中で、最善と思われるものを選び、投資する。一〇〇の案件に投資して9割が失敗しても、そのうちの1割がヒット、そして1社でもホームランを打てば、それで全てを回収できる。それが現実だ。

我々コンサルタントの世界にも「千三（せんみつ）」という言葉がある。千件に三件当たればいいような確度の案件、という意味で、実に0・3％という極小の成功率だ。シリコンバレーにはVCがひしめき合っていて、それよりも低い確率の案件を追いかけ続けている。まさに生き馬の目を抜くような世界。この言葉は、そんな目利きのアンテナをもってしても、ウーバーというビジネスの本質と潜在的な可能性を見出すことができなかった人があまりにも多かったということを示している。

実は私も、これとよく似た新規事業に対する「目利き」に関する状況を目撃したことがある。それは七年ほど前に私が参加した、米国の超有名一流私大の名を冠した某ビジネスプラン・コンテストである。私は電子出版に関するビジネスモデルでファイナリストとして選ばれ、ステージ上でプレゼンをした。評価はさっぱりで、まだ存在しないビジネスモデルを一般人に説明するのは容易ではないことを実感したものだが、実はその際、別のファイナリストがしたプレゼン内容がウーバーに酷似したタクシー配車アプリに関するものだったのだ。

私は父がタクシー運転手ということもあり、特に興味を持ってそのプレゼンを聞いたのだが、まだウーバーのことなど知らなかったにもかかわらず、アイデアは非常に明確で、悪くないように思えた。ただ、タクシー業界の厳しさを知っているだけに、現実的にはなかなか難しいのではないかとは感じた。

このプレゼンに対する審査員の評価は、本当にけちょんけちょんだった。なぜこの不況のタクシー業界で、こんなものが流行ると思うのか？　みたいな否定的な論調で埋め尽くされたように記憶している。冴えたアイデアをぼろくそに言われた女性が悔しそうな表情を浮かべていたのを見るのはつらいものだった。

しかし、当時の彼女のアイデアは今思えば、「Japan Taxi*」とほとんど同じだった。それをウーバーに先駆けて提案した彼女に辛辣な言葉を浴びせた審査員やメンターの方々は当時の判断をどう振り返るのだろうか。

肩書がいくら立派でも、自ら起業したことがまったくない人間には起業家

＊ Japan Taxi
全国47都道府県、乗車場所を指定するだけでタクシーが呼べる、日本最大級のタクシー配車アプリ。料金検索・ネット決済・予約機能等。

の気持ちなんかわからない。それがコンテストで得た教訓である。大企業の役員だろうが、名の知れたエンジニアだろうが、自分で全てのリスクをとって行動したことのない者には、起業家のパワーも知恵も、先見の明も計り知ることができない。そういう結論に達した私は、バカらしくなってしまい、以後、その手のコンテストには応募すらしていない。

シリコンバレーで活躍する投資のプロが語るウーバーのすごさ

北カリフォルニア在住の投資家ジェイソン・マッケイブ・カラカニスが著した『エンジェル投資家　リスクを大胆に取り巨額のリターンを得る人は何を見抜くのか』（日経BP社）には、このウーバーに対して誰よりも早くリスクを顧みず投資した筆者の体験談が述べられている。まったくの無名だった時代に2・5万ドル（約280万円）を投資したのだが、二〇一八年その投資分の時価総額が3・6億ドル（400億円）もの巨額に化けた。実に1・

4万倍の投資効率であり、ミラクルの多いVC界の中ですら驚異的だ。

では、実際シリコンバレーに住み、投資活動を生業としている方々にとってウーバーはどう映っているのだろうか。

米国に近年熱い視線を注がれている日系のVCがある。日系大企業二〇社超から総額1000億円規模を集め、テックカンパニーがひしめき合うシリコンバレーで大型ファンドを運営する、そのVCの名前は「WiL（ウィル）」。

投資先のポートフォリオには実力派の有名企業が多く、たとえばつい最近東証マザーズに上場したばかりのフリマアプリ「メルカリ」や、スマートロックの「Qrio（キュリオ）」などにも出資している。事業開始のきっかけとなった「想い」について、ウェブサイトではこう書かれていて、私は強く共感している。

「日本から世界に誇るベンチャーや技術をプロデュースしたい。ベンチャーへの支援や、起業家精神の普及を通じて日本を元気にしたい。日本の素晴らしさを知ってもらいたい」

そのWiLでパートナーを務める琴章憲氏は、某有名上場IT企業での事業開発経験を通じて一一年ほど前にシリコンバレーに移り住み、五年前からはWiLで、おもにシリーズB・Cラウンド*以降のミドルステージ投資の投資先選定、いわゆる目利きを担当している。

ウーバーのビジネスが画期的だった点について、彼はこう述べる。

「ウーバー（とエア・ビー・アンド・ビー）以前のシリコンバレー発のインターネットビジネスの王道は、あくまでもネット上に留まり、従来存在した広告収益モデルをベースとするものでした。既存のビジネス（リアルビジネス）との競争を避ける気運というか美学みたいなものがなんとなくありました。しかし、ウーバーは実際に既存産業に殴り込んでいって、それを倒し、市場から広告とはまったく違うお金（リアルマネー）を獲得するに至りました。まさにディスラプトを地で行く革新的なビジネスモデルだったわけです。ある意味、彼らが最もシリコンバレーらしい企業と言えるかもしれません」

アップルのスティーブ・ジョブズもiTunes配信のデジタル音楽で膨大な

＊シリーズB・シリーズC
急成長を目指すベンチャー企業の場合、資金調達（増資）が大きなカギとなる。おもな段階（ラウンド）として、シードラウンド、シリーズA、シリーズB、シリーズCなどがあり、順調に成長できなければ、次のラウンドの資金調達に辿りつくことができない。

収益基盤を築き、大躍進する機会を摑んだ。しかし、どちらかと言えば既存産業とライセンシングについて「握る」ことで、彼らを取り込んでいったほうだ。これに対しウーバーは、既存産業に殴り込んでいった。その違いは大きいと、彼は力説する。

確かにアップルによって結果的にはブロックバスターやタワーレコードといった老舗の店舗が倒産することになったが、音楽業界からしてみれば、流通経路が変わっただけとも言える。その点、ウーバーは直接の競合であるイエローキャブを実際に倒産に追い込んでいるのである。

いまだ払拭しきれない集団訴訟のリスク

ではもし彼のもとにウーバーの投資案件が他のＶＣと同じタイミングで入ってきたらどうだったか。間髪容れずに琴氏は、ＶＣのパートナーという大事な立場を預かる身として率直な意見を述べた。

「シード投資*だったら話は簡単です。ほんの少額でもリスクヘッジとして入れておけばいいのですから。問題はシリーズA**でリードをとる覚悟を持てるかどうか。私の答えはノーです。私には無理だったと思います。おそらく他の経営陣も同意見だったでしょう」

最大の理由はやはり「法的リスク」にあるようだ。米国は訴訟が多いことで有名だが、特に不特定多数の消費者が束になって起こす集団訴訟（実際には弁護士事務所が働きかける部分が大きい）は米国ではかなり発生率が高いうえに、ひとたび発生したら企業にとってはとんでもない規模の損失だ。

ウーバーの場合、全米中の乗客や運転手、行政でいうと、市、郡、州、そして最悪は連邦政府、どこからでも訴訟や集団訴訟を持ち出される可能性があったわけだし、今でもこの可能性が全て払拭されたとは言い難い。会社の規模が大きければ、その規模に応じた懲罰金が科される場合もある。

帳簿上では明らかに成長が認められ、発展の可能性が垣間見えたとしても、

*シード投資
シード（seed）は「種」という意味。その意味通り、企業が種の状態、つまり起業前の状態を指す。コンセプトやビジネスモデル、事業計画書は作成しているものの、商品やサービスの実現には至っていない、法人はまだ設立していないといった状態だ。この状態での投資を「シード投資」という。

**シリーズA
スタートアップ企業において、ベンチャーキャピタル等が最初に出資するラウンドをいう。企画段階の「シードラウンド」の次に行うもので、比較的大きな金額を調達して、商品・サービスを市場にローンチし、ビジネスモデルを確立することを目指す。調達額は、以前は200万〜1500万ドルであったが、最近は700万〜1500万ドルが典型と、劇的に膨れ上がっている。

それを一発で台無しにしてしまうほどの法的リスクをいったいどうやって算出すればいいのだろう。そう考えると百戦錬磨の投資家やコンサルタント、アナリストであったとしても二の足を踏む案件だったというのは間違いないようだ。まさに「No Pain, No Gain.（痛みなくして得るものなし）」である。だからこそ最初に資金を突っ込むリスク・テイカーに価値があるのだ。

イノベーターのジレンマをいかに乗り越えるか？

では、そんなウーバーへの投資後、ＶＣはどう支援してきたのだろうか。

「シリーズＡをリードしたのはベンチマーク***で１１００万ドル調達しています。この時点でのポスト・バリュエーション****が６０００万ドルとなっていて非常に高いです。かなり着実に売上を積み重ねて成長していたのだろうということがうかがえます。その次のシリーズＢではすでに３・５億ドルの評

＊＊＊ベンチマーク
米国の比較的大手のベンチャー・キャピタルの一つ。
＊＊＊＊ポスト・バリュエーション
外部資金調達後の企業価値。投資が実行され、プレマネーバリュエーション（Pre-Money Valuation＝事業計画等で算出した資金調達前の企業の現在価値）に実際に調達された資金を組み込んで算出する。

価に達していますから、驚異的な成長を遂げたと言えます」

「もちろん主役はあくまでも起業家なのですが、ウーバーのシリーズAのリード投資家であり、かつ社外役員も務めたのが、伝説的VCのビル・ガーレイだった、というのもポイントですね。投資家は、内側の人間でもあり、かつ、外側の人間でもあるという中立性を保ちながらビジネスを大きくすることに注力します。起業家と投資家とのシナジーが功を奏したのでしょう」

会社を揺るがしたCEOの解任などに代表される一連のスキャンダルは、「速すぎた成長に伴う成長の歪み」という代償だった。今後は、シリコンバレーの企業が巨大化して成熟していくステージで陥りやすい「イノベーターのジレンマ」をどう乗り越えていくかが課題である、と指摘する。

そして、そのために必要なことは、「今、急速に流行ってきている電動スクーターや自転車のような他の移動手段をうまく取り込んでいって、いかにトランスポーテーション全体を取り囲んでいくか」、そしてウーバー・イーツ（Uber Eats）や他のサービスもうまく取りまとめた「事業のインフラ化」

に成功していくことだと解説する。

折しも二〇一八年八月三〇日、サンタモニカ市は、ついに正式に、バード(Bird)、ライム(Lime)、リフトおよびジャンプバイクス(JUMP Bikes)を、電動スクーターと自転車のシェアリングサービス供給者として認定したが、このうちジャンプは、ウーバーが買収しているし、最近ライムが行った3・3億ドルの資金調達にもアルファベット(グーグルの持ち株会社)とともに出資を行っている。

この電動スクーター産業には注目すべきだ、と琴氏は力説する。

「自動車のライドシェアリングで起きたことが、今まさしくE(電動)スクーターで起きています。時価総額ではバードがすでに2000億ドルの時価総額となり、VC大手のセコイア・キャピタルが1・6億ドルを投じています。これによって、これまで静観していた他のVCも徐々にこのビジネスモデルが「リアル」なディールだという認識になってきています。

また、バードは北カリフォルニアではなくサンタモニカ発であるという事実にも時代の流れを感じます。何よりEスクーターのユーザーは歩行者全て

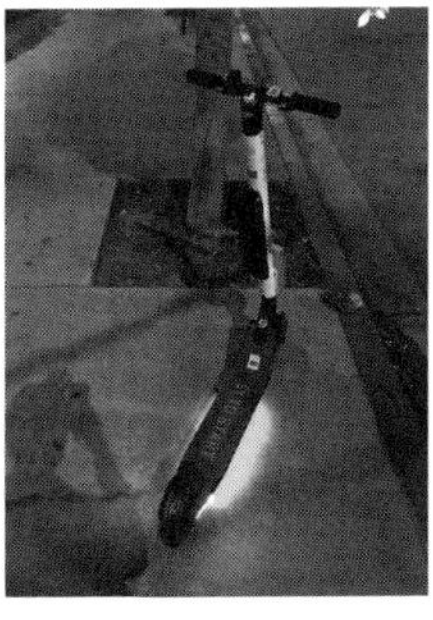

図28 電動スクーターのライドシェアリングも盛り上がりつつある

なので、市場はとてつもなく大きいと言えます。誰かが乗っているのを見れば、クール（かっこいい）だと感じます。宣伝も兼ねているわけです。今後が楽しみですね」

自動運転普及へのカウントダウンと上場への期待

そんなウーバーに死角はないのだろうか。ビジョンファンド*という巨大な株主を持った今の彼らに出口戦略は一つしかない。つまり上場（ＩＰＯ）だ。実際、二〇一九年のＩＰＯが発表された。

企業の価値は、売上と利益とそれらの成長率という方程式で決まる。なので、ベンチャーはがむしゃらに成長していくしかない。ビジョンファンドは大金を突っ込んだが、逆に言うと、それだけの大金を突っ込めるベンチャーはシリコンバレー広しと言えど、そう多くはないのだ。また投資が巨額な分、たとえそれが倍になっても大成功となるのである。

*ビジョンファンド
二〇一七年、ソフトバンクグループの孫正義と、サウジアラビアのパブリック・インベストメント・ファンドのムハンマド・ビン・サルマーン副皇太子らによって発足した投資ファンド。

「タクシーでの自動運転が当たり前になる時代には、ウーバーの寡占状態が大きく揺らいでしまう可能性がある」と琴氏は述べる。「なぜなら、ウーバーの強みは労働力としてのドライバーの確保にあった。しかし、自動運転になってしまうと、ドライバーが不要となるため、ウーバーの強みが消えてしまう。だから、ウーバーは自動運転を先取りし、市場を先取りしていく必要があるのだと思います」

最後にこれらを踏まえて日本の起業家あるいは社会が学べることとは何かを尋ねてみた。

「日本人はどうしても（法規制や既存産業のしがらみなど）既存の前提条件をベースに、しかもできるだけ周りと同調しながら、それ以外の余白に絵（ビジョン）を描こうとします。しかし、本来、それらを全部取っ払ったうえで、いかに大きな白キャンバスに壮大な絵を描いていけるか、それを真剣に模索すべきです。

ウーバーについても、海外でこれだけ流行っているライドシェアリングが日本にないというのは観光のインバウンド誘致においてもデメリットではないでしょうか。

主権がどちらにあるべきか、ということを考えるにつけ、日本の社会では民主主義というよりは社会主義に近い窮屈さを感じることがあります。その圧力というか壁をどう乗り越えていくのかが、今後、日本で本当のイノベーションを起こすために必要なことなのではないでしょうか。政治家と官僚が決めることになんでも従う、という姿勢ではイノベーションが生まれてくるわけがありません。

日本だけではないですが、流行している他社のサービスを真似する企業は山ほどあります。しかし大事な哲学や思想をコピーせずに、結果のプロダクトだけをコピーしていることが多い。大切なのは、数多くの失敗から成功法則を生み出すための巨大なろ過装置なのですが、その仕組みが踏襲されない。それでは成功確率を高められません」

フェイスブックまでは旧世代

先ほどの琴氏のコメントにもあるようにウーバーとエア・ビー・アンド・ビーがそれまでの新興インターネットサービスと大きく異なる点、それは既存産業をディスラプト（破壊）してきたことだ。

それまではインターネット界とリアルのビジネスは、その棲み分けを明確にするような暗黙の了解というか線引きのようなものがあった。世界で22億人以上のユーザー（MAU：Monthly Active User）を抱えるようになったフェイスブックでさえ実際の収入源の大半は広告モデルという旧態依然とした収益モデルである。

ウーバーはもともとあったタクシー業界に殴り込みをかける形で参入し、実際にそのシェアを大きく奪ってしまった。一方、エア・ビー・アンド・ビーはもともとあまりなかった供給を掘り起こして需要に当て込んだ。

では、つい先日、時価総額が1兆ドルに達したアップルの場合はどうだろうか。アップルで最も有名なのはiTunesを利用したデジタル音楽、そしてのちに追加された映画である。これらも結果的には既存産業に大影響を及ぼすことになり、タワーレコードやブロックバスターといった老舗チェーン店が淘汰されてしまうことになったのは前述の通りだ。

また、Eコマースの産業ではアマゾンが圧倒的な存在感を示しており、多くの小売店は廃業に追い込まれた。最近ではアマゾンがトイザらスを淘汰した。もはやオンラインストアは、その規模によらず、よほどの工夫をしない限りバッティングしてしまう。オンラインで物販を行うのにアマゾンと競合しないビジネスモデルを考えるのはそもそも一苦労なのだが、それに加えて他社とも差別化を図らないといけないというのはかなり苦しい。

要は残されたのはニッチなマーケットだけということになる。この点、手作り品を中心に事業を展開しているエッツィ（Etsy）が全米のオンラインアクセスランキングでトップ5に常連入りしているというのは特筆に値する。

差別化の典型例であるが、二匹目のドジョウを見つけるのは容易なことではないだろう。

しかし、これらはどちらかというと、時代の波に乗り遅れていた既存産業を襲ったデジタルの波があり、それにタイミングよく乗っかったという部分が非常に大きい。つまり業界全体が時代の変革に飲み込まれた形なのだ。

これに対し、アメリカのタクシー産業は、ウーバーとリフトのほぼ二社に駆逐される憂き目となった。ライドシェアリング・サービスが既存産業を完全にぶち壊したのである。

第四章　ウーバー体験記

ウーバー運転手をしてみた

第一章、第二章、第三章で、ウーバーとは何か、そしてその成功の要因について、おもにビジネスモデルと技術の観点から、専門家への取材も交えて述べてきた。この第四章では、私自身がこの二年間ほど、パートタイムのウーバー運転手として体験したことを述べてみたい。

運転するまでにも十分、そのビジネス性には注目していたのだが、実際に運転してみて裏側からの視点が加わったことで、ますますそのエコシステムの秀逸性を客観的に評価できることになった。

なぜ私がウーバーを運転するようになったのか

地元ロサンゼルスでは、自分で運転することがもっぱらなので、ほとんど必要ないのだが、我が家では私以外の家族が誰一人として運転できないため、私の不在時などに家族のためにウーバーを手配することはあった。自分で使うようになったのは、まず日本に出張する際の空港への往復からだ。

私は日系人が多く住むトーランス市という町に住んでいて、ここから空港はそう遠くない。これまでは知り合いに頼んで連れていってもらう以外は、もっぱらタクシーを利用していた。

しかし、ここまで随所で触れてきたように、アメリカのタクシーは手配がなかなか面倒である。滅多に使うことがないので、まず連絡先を探すことから始めなければならない。それから電話をかけて手配して、到着までにまた時間がかかる。費用はその日の交通量にもよるが、だいたいチップを加えて

40ドル強くらい。LAX(ロサンゼルス国際空港)のターミナル内の駐車場は一日最大30ドルかかるし、長期間用のパーキングを利用すると空港までまたシャトルバスに乗る手間がある。というわけで、荷物が多いときなどはたいへんなので、やはりタクシーを利用していた。

ところが、これをウーバーに変えると金額は半分以下になることを知ったのだ(サージ時間を除く)。それからは空港に行くたびにウーバーを利用するようになり、少しずつその習慣に慣れていった。

出張時はとかく朝がバタバタするので、呼んだらすぐに来てくれるウーバーは快適だ。最初、使い始めた頃はまだ、LAXで拾うことはできなかったので、帰りはタクシーを利用していたが。

そうこうするうちに、少しずつタクシーとウーバーの利便性や金額の違いなどを体感していった。私の中ではウーバーの評価のほうが高かったのは言うまでもない。そして、試しに運転手のほうもやってみるかと思い始めるまでに、そう時間はかからなかった。

実は私のごく身近な人物がタクシーを生業としている。それは父である。

私が幼い頃は、かつての国鉄（現ＪＲ）に勤めていたが、分割民営化の際に退職。その後現在に至るまで、おもにタクシーの運転手として生計を立てている。よってタクシー業界のことについては、利用者としてだけでなく、運転手の立場からも、過去数十年にわたり、身近なものとして聞いていた。

それもあって、タクシーの運転手の方が聞かれたら気を害されるかもしれないが、正直その仕事だけはしたくないと常々思っていた。理由はまったく自分に向いてなさそうだからだ。極度の方向音痴であることに加えて、運転時に強い眠気に襲われることがしばしばあるし、とにかく運転に集中するのが苦手である。私が幼い頃住んでいたのが大阪だったということもあるかもしれないが、性格的にもうまくやっていけないように感じていた。ともかく、「タクシー運転手」という仕事は、私には向かない、と思い込んでいた。時間とお金に見合わない過酷な仕事だと思っていた。

にもかかわらず私がウーバーを運転するようになったきっかけ、それは気楽に自由な時間帯で働ける「小遣い稼ぎ」への好奇心だった。当時はフルタイムの仕事をしていた時期だったが、それでも週末に少し働いて気楽に自分の小遣い稼ぎができるというのはなんともありがたい話だと思った。始めるのも辞めるのも簡単なら、少し体験してみたいと思ったのだ。

ウーバー運転手の魅力は何といっても、好きな時間に働くことができること。日本のタクシーのように社用車をもう一人とシェアするというわけではなく、自分の車を使うので気楽でもある。

が、その反面、清掃などももちろん自分で行うほかない。実際に運転する際にはまず車両検査があるので、近くの「ウーバー・グリーンライト（青信号）」と呼ばれるステーションに行って、担当者に車両の内外装や機能面で問題がないかをチェックしてもらうことになる。

また、できるだけきれいな車両を顧客に提供したいという同社の方針から、車両の年式にも制限がかかっている。あまり古い車は検査にパスしないし、新しくても外装に目立つ傷があったりすると、やはりそれを直してからまた来るようにと指示されることになる。

運転手側から見たエコシステム*

①勤務体系

ウーバーの運転手には所定の勤務時間というものはない。出勤に必要なものは車とスマホだけ。運転手用のアプリを起動させて、スイッチを入れてオンライン状態にした瞬間に出勤状態となる。もちろんこの状態がいくら続いても収入は発生しない。あくまでもライドを提供してこその収益である。

ここで物議を醸す要素の一つが「迎車」中の収入である。現在ウーバーでは乗客を迎えに行く間は一切お金をもらえないことになっている（最近のアップデートで遠距離の迎車に関してはフィーが発生するようになった）。

もともと勤務時間についても制限がなかったので、体力とガソリンの続く限り延々と走らせることができた。おそらく一日で二〇時間以上運転すると

*エコシステム
もともとは生態系の用語で、ある領域（地域や空間など）の生き物や植物がお互いに依存しながら生態を維持する関係のことだが、最近は、ＩＴや通信業界で、業界や製品がお互いに連携することで大きな収益構造を構成するさまを表現するようになっている。

いうような猛者もいたことだろう。現在は運転手の健康状態と安全に配慮して、連続走行は一二時間までと制限されるようになった（その後は六時間空ける必要がある）。

②報酬体系

ライドシェアリング・サービスを利用したことがある人なら、自分が支払う代金のうち運転手の取り分はいくらなのだろうと気になったことがあるかもしれない。ウーバーでは、一律の配車料金*に加え、全体の25%をウーバーが、残りを運転手が得ることになっている。しかし実はこのフィーが明確ではないとして、集団訴訟が起きている。

また、もう一つ議論のネタに上がるのが、毎週ドライバーに通達される「クエスト」という報酬制度である。これは、X日間にXライドというように規定回数を規定期間内にこなすことで獲得することができるボーナスだ。

ところが、これについて、実は私も、ウーバーを運転する友人と話したことがある。なぜこのボーナスが人によって、そして、毎週違うのかと。この

*ブッキング・フィー
ウーバーは一律のブッキングフィーと、変化するサービスフィー（コミッション含む）を徴収。ただし、ライド当たりのミニマム報酬が設定されているため、サービスフィーは赤字になることもある。これらを防ぐためにブッキングフィーをライダーから別途徴収しており、この分は運転手には関係ない。運転手の報酬はあくまでも距離と時間により計算される。

ボーナスは原則平日（月〜木）の三日間、そして週末（金〜日）の二日間というように設定されていた。

多くのドライバーの不満に応える形で、このシステムは二〇一八年春に改定され、現在は一律同じ条件が全てのドライバーにオファーされるようになり、期間も一週間を通じて一度の基準に変更された。

③評価システム

運転手にとってウーバーが既存のタクシーと最も違うと感じられる部分は、実はこれかもしれない。すなわち、相互評価のシステムだ。日本のタクシーにも「タクシーセンター」というのがあって、そこに乗客が苦情を通報することができる。ホスピタリティで知られる日本のタクシーだが、その分、期待値が高すぎるのだろうか、結構、電話が入るようである。しかし、顧客が運転手から評価されるというのはどうだろう？

第二章でも触れたように、ウーバーでは運転手が顧客を評価することができる。そして、その数字はユーザー側にはわからないようになっている（逆に運転手のレーティングは乗車前にでも確認できる）。

この評価システムはアマゾンのような、5つ星の評価になっている。この評価が運転手の頭痛の種になることも多い。実際私も、道を間違えるなどのミスで、あるいは客観的にも不当と思われるような理由で低い評価をつけられてしまい、げんなりしたことが何度もある。

運転手はそれを常に気にしながら運転することになるのだが、運転手も人の子である。毎回完璧にというわけにはいかない。ましてや相手がひどい酔っぱらいだと相手が正しく評価しているかどうかさえ怪しい。

とはいえ、運転手側からの乗客への評価はもっぱら満点をつけることが多い。多少のことがあっても、やはりお客さまという認識があるからだ。ただ、他の運転手に警告を送る意味で、5以外の評価をつけることは実際にある。私も身の危険を感じるような思いをして一度だけ1つ星というのをつけたことがある。またコメントを残すことができるようにもなっている。

＊ゲーミフィケーション
遊びや競争など、人を楽しませて熱中させるゲームの要素や考え方を、ゲーム以外の分野でユーザーとのコミュニケーションに応用していこうという取り組み。ゲーム独特の発想・仕組みによりユーザーを引きつけて、その行動を活発化させたり、適切な使い方を気づかせたりするための手法。

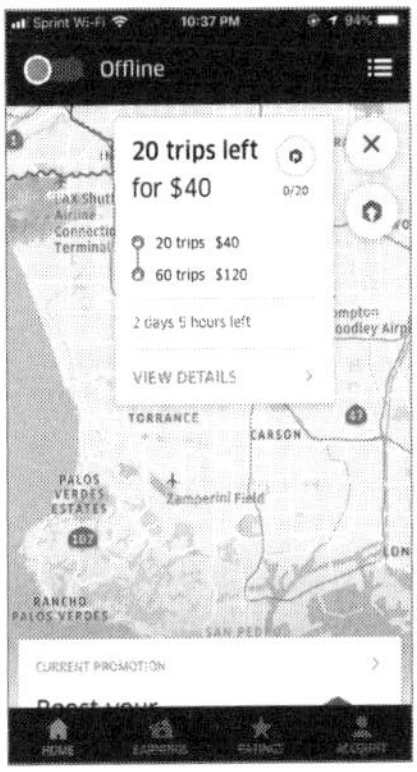

図29　運転手アプリのトップ画面には常にこのようなクエストが表示されてモチベーションを高める

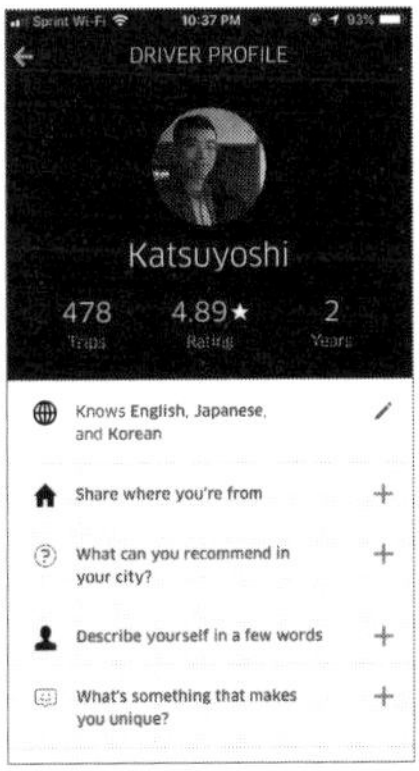

図30　筆者の運転手プロフィール。この情報はライダー（乗客）とのマッチングが成立した際にライダーも確認できる

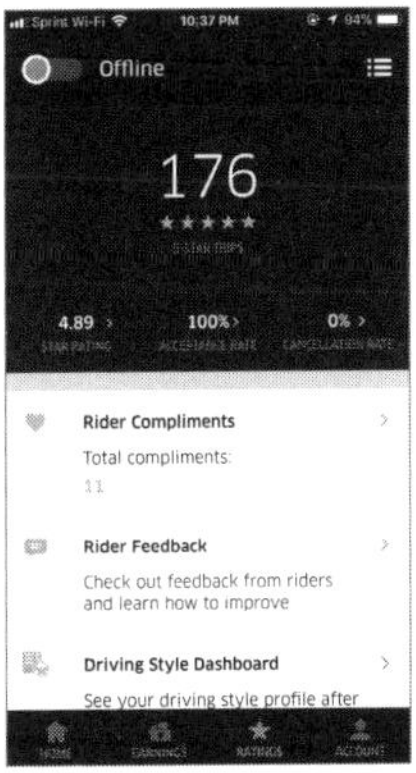

図31　評価画面。自分の運転がどのように評価されているかを一瞥することができる

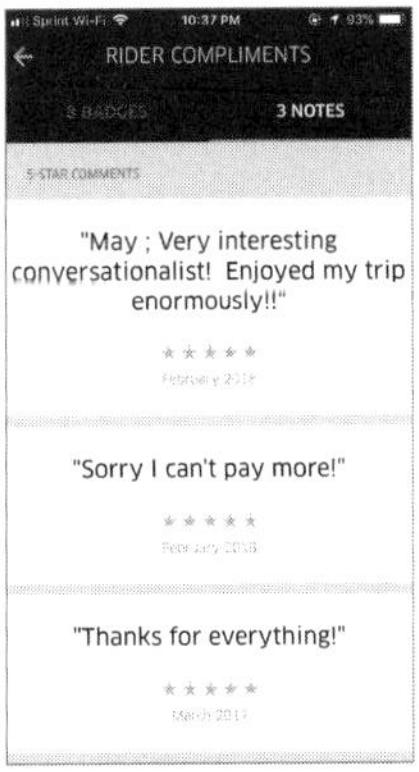

図32　最近ではこのようにライダーが自由文でコメントを残すことができるようになった。お褒めいただくのは嬉しいものだ

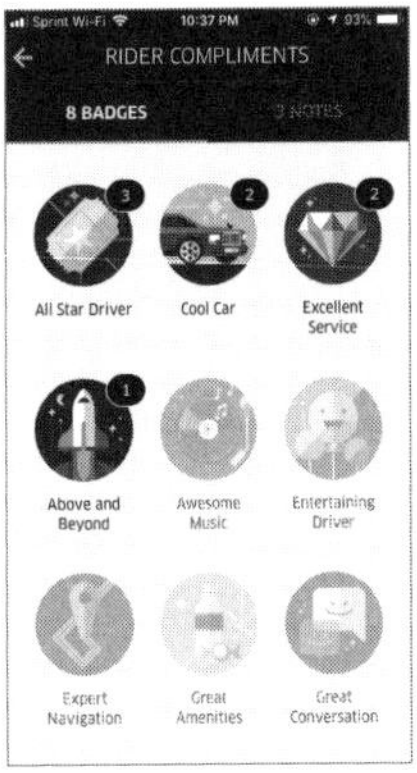

図33　ライダー（乗客）から特別な賛辞を受けたときに集めることができるバッジ。ゲーミフィケーション*の要素がうまく取り込まれている

ただし、乗客につけられた評価が、実際に彼らのユーザー・エクスペリエンスにどのように反映されているかは定かではない。評価が低いからといってサービスを利用できないというわけではないからだ（もっとも、もしそうだとしたらお目にかかれないので真偽を確かめる方法はないのだが）。

一説には待ち時間が長くなり、なかなか車が決まらないという話もあるのだが、このあたり、ウーバー側が開示することはない。

一方、運転手側は、とにかく高評価を維持することで、「いいお客さん」を回してもらえると信じて運転するよりほかはない。ちなみに、評価五段階で3・7など特定の数値を下回ると警告文が送られてくるそうだ。

始めたばかりは慣れないために、何かにつけて不手際があったりしがちだ。乗客側は乗り慣れているため、何か違和感を感じると、ベテラン運転手と比べて低い評価をつけることが多い。で、ライド数（被乗車回数）が少ない頃は低い評価が出がちなのだが、初期に極端に低い評価をつけられたら、運転手としてはたまったものではない。母数（ライド数）が少ないだけに、平均値が一気に下がってしまう。すると、それを挽回するために数多く運転しなければならなくなるからだ。

この評価は現在、直近500回分の記録を反映することになっている。500回というのはフルタイムで運転している人なら、数週間で達成してしまえる数だが、パートで一日数時間という筆者のような運転手だと、かなりの月日を要する。実際、私の最初の頃の低評価が消えるまでに、実に二年以上かかった。

ひょっとしたら、たくさん運転させるためにわざとそういう仕様になっているのかもしれないとすら思ったが、ライドシェアリング・サービス同士で、運転手を奪い合っているウーバーにとっては、運転手が数をたくさんこなすインセンティブになるので、いい仕組みに違いない。

ウーバーの運転手には、本来、雇われていると備わっているような社会保障の仕組みはない。運転しているときの自動車保険はウーバーが提供してくれるが、それ以外は基本、全て本人負担。失業保険ももちろんないし、労災すらない。個人事業主のつらいところである。

ちなみに、最近のルール改定で一部の市からはビジネスライセンスの取得が義務付けられるようになったので、さらに負担が大きくなった。米国では医療保険が著しく高価だが、ウーバーは現時点では法人医療保険プランも提供していない。

ニューヨーク州やあとに挙げるロンドンの事例では、実質的な「雇用」に当たるとして相応の福利厚生を提供すべきだという声があがっている。もちろん労働組合もないのだが、自主的なライドシェアリング運転手の集まりができているようだ。これについては後述する。

ウーバーの本質は、運転手と乗客のマッチメイキング・サービス

UCLAでミクロ経済学を教える小原一郎准教授はゲーム理論と組織論が専門だ。彼に、経済性という観点から、運営者と評価値のついた運転手と乗客の、いわば三つどもえの関係についてどう考えるべきかを、説明してもら

った。

　小原教授によると、ウーバーの本質は、さまざまな運転手と乗客のマッチメイキング・サービスなので、双方のニーズを考慮に入れて、マッチングの精度を向上させていくために、レーティングを含めたあらゆるデータが活用されているのではないかとのことだ。

　会社側が売上と経営資源の最適化を考えるうえで、たとえば車の種類やさまざまな運転手と乗客について、プロフィールに関した評価以外の幅広いデータが役立てられているのではないかというのだ。

「ウーバーにとってみると、乗客の満足度を向上させることはもちろんのこと、初期投資のかかっている運転手を競合他社に奪われないようにもしなければいけないわけで、そのため、レーティングや、賛辞、あるいは逆に苦情のデータなども考慮に入れて最適なマッチングを図るために工夫をしていると考えられます」

　一例を挙げれば、ある乗客は特定の車種、あるいは無口な運転手を好むかもしれない。ある運転手は、ロング（長距離）のお客さんや評価の高い乗客を好むかもしれない。

ある客がウーバーを呼んだ時点で、その近くにいる複数の運転手の中から即座に最適なマッチングを行う必要がある。客にとって不快とならない待ち時間はどれくらいか、運転手にとって容認できる迎えに行くまでの移動距離はどれくらいか。そうした内容を常に精査し続けながら、精度を高めているはずだという。

「ウーバーにとっては、両者とも顧客です。乗客は待ち時間と値段をいちばん気にするでしょうし、運転手はトラブルを避けるためできるだけ評価の高い客を乗せたいし、1トリップあたりの単価や稼働率を気にするでしょう。それら全てを加味しながら、都度、ウィン・ウィンの状況を作り出すことが最も重要な課題であり、プラットフォームとしての存在意義となります」

では、話題のサージ・プライシングをどう考えるか？

「ダイナミック・プライシングを利用したサージ（一時的な価格高騰）のシステムは、ある程度までは双方にとって必要なことです。あまり値段が低すぎると需要過多で乗りたい人が乗れなくなる。これが最悪のシナリオです。

徐々に価格を上げていくことで、需要と供給がうまくマッチする点が現れます。会社が欲張りすぎて値段が過度に上昇してしまうと、今度は運転手がお客をとれなくなります」

最後にウーバーが得た莫大な情報を、今後事業としてお金に変えていく術について。

「情報には規模の経済の側面があるので、ウーバーをみんなが使えば使うほど、ウーバーはよりよいサービスを提供できるようになります。たくさんの情報が収集され解析されることで、価格は適正化されていきます。

たとえば、ウーバーが各運転手の運転行動に対する詳細な情報を得ているとしましょう。そのデータが詳細であればあるほど、データには活用価値が生まれます。もしウーバーが自分で自動車保険を提供するようになったとしたら、掛け金の設定をする際にそのようなデータを最大活用するでしょう。運転が上手で事故の確率が少ない人、というのを客観的に識別できるわけですので、その分、安い掛け金をオファーすることができますし、逆もまた然りです。それほど詳しいデータを収集することができない保険会社は、ウーバーに太刀打ちできなくなるでしょう。

こういったことは、経済学の観点では特に目新しいことではないのですが、ビッグデータの収集と処理速度が飛躍的に向上したことで、リアルタイムで処理ができるようになったという点が革新的です。結果として価格付け（プライシング）はより精緻化され、ビジネスが最適化されることは間違いありません」

ウーバーでどれくらい稼げる？

ウーバーを運転していると話すと、よく聞かれる質問はやはり、稼ぎについてだ。収益構造について運転手側から述べてみよう。

まず、最も一般的なサービスであるウーバーXをフルタイムでやってみたら稼ぎはどれくらいになるのか？　実はこの部分には米国特有の会計基準が関係してきているので少し詳しく説明したい。

通常ウーバーの運転手は個人事業主として分類されていることはすでに述べた通り。ウーバー社に雇用されているわけではないので、源泉徴収は発生しない。「締め」は火曜日の正午（以前は月曜日の未明）で、支払いは、翌日に一週間分の金額が振り込まれる。ちなみに日本では依然「月給」が主流だが、米国では一般的に給与は毎週か、少なくとも月に二回の支払いだ。

仮に週六で一日八～一〇時間の実働として、追加で発生するボーナス・クエストを平日分と週末分の両方獲得できるように休暇を調整するものとする。地域や戦略によっても異なってくるのだが、だいたい一〇時間の稼働で200ドルの売上を立てることができれば御の字という感じなので、ボーナスを加えた金額の平均をドルとしてみると週に1200ドル、一年は五三週なので、6万3600ドルの計算になる。日本円にして約760万円ほどなので悪くはない（しかし、有給休暇や祝日などは一切ない）。

乗客を迎えに行く間の時間は報酬が発生しないので、私の体験だと一般的な時給は10～15ドルの間に落ち着くのだが、チップや長距離が入ってきてバランスがとれると、これくらいの数字も決して不可能ではないだろう。

やり方によったら8万ドル超えも可能だと思うが、ウーバーX（とプール）だけで年収10万ドル超えは難しそうだ。

では、経費を引くとどうなるか？　ウーバーXでは1マイルあたり約1ドルの報酬が設定されているので、6万2000ドルの年収が発生したとして、走行距離は単純計算で6万2000マイル（ボーナスやチップでもらえる分と客待ちや迎えに行く間の距離を相殺したとする）。このうち、経費としていちばん大きいのはガソリン代で、次に車両費と保険代だろう。

この原稿執筆時点でカリフォルニア州のガソリン代は1ガロン（4L）あたり3・80ドル前後。便宜上3・5ドルと計算したとして、燃費が30マイル／ガロンの車を利用すると2067ガロンのガソリンが必要となり、これには7233ドルかかる。車の月賦が300ドルと仮定して、保険代を月100ドルと計算すると、4800ドルが加わり、合わせて年間で1万2033ドルのコストが発生する。

次に税金だ。課税所得はどうだろう？

普通に考えると6万2000ドルから1万2033ドルを差し引いた5万ドル弱が課税所得となりそうなものだが、多くの運転手は原価計算に別の方法を用いており、これがウーバーによっても推奨されている。

それは、パー・マイル（Per Mile）を活用する方法である。これは、米国国税庁（IRS）が定める「社用に従業員の車を利用する際の車両減価償却」を算出するコストで、毎年ガイドラインとして更新される。

二〇一八年現在では54・5セントとされている。ガソリン代などを経費として計上する代わりに、この54・5セントに走行距離を掛けることでコストを算出する。

先の例でいくと、

62000 −（62000 × 0.545）＝ 28210ドル

まで激減することになる。

詳細は省くが、扶養家族がいる場合、この数字を課税所得とすると、州政府から補助が受けられるような数字となる。大半のウーバー運転手は実はほとんど税金を収めていないと指摘されている理由はこうした根拠による。

私自身は、もともと私物である従業員の車を、営業などの社用に使う際に利用される数字を、運転そのものが稼ぎになる仕事の経費として算出するのに問題がないのか、常々疑問に思っているのだが、知己のＣＰＡ（公認会計士）にこの話をしてみたところ、ライドシェアリング・サービスのためにだけ、この適用を外すような対応はおそらくＩＲＳはしないだろうということだった。理由は、適用範囲が膨大で、いちいち除外する設定をする手間をかけられないだろうから、とのことだ。

よって、仮にウーバーXで10万ドルの年収を得ている者がいたとしても、そこから5万４５００ドルを差し引いた4万５５００ドルの課税所得となり、税金はかなり安く抑えられているはずで、しばらくこの現状は変わる見込みはない。

ともあれ、ウーバーXで儲けようと思ったら、それなりに燃費のいい車を選ばないと厳しいということはおわかりいただけると思う。実際プリウスを見ることが多い。ウーバーXを運転するには燃費のいい車に乗るのが必須ということである。

実録「ウーバーはミタ」

私はウーバー運転手を本業とするわけではないので、ライドの回数も500回弱と、フルタイムでしている方々と比べると微々たるものだ。それでも、おもに夜型シフト（午後八時～深夜三時頃）を中心に運転していたので、短い期間でも興味深い体験をいくつもした。特に印象に残っている出来事をいくつか、ご紹介してみよう。

①ウーバーが誘う夜の世界

夜の世界とウーバーは切っても切り離せない。日本中のどこの繁華街に行ってもタクシーが数多く見られるように、米国においても、ウーバーとナイトライフは密接に結びついている。もっとも近年規制の厳しくなった日本に対し、米国の飲酒運転に対する規制はかなりゆるいものである。運転するなら一滴も飲んではいけない日本に対し、米国ではおもに血中濃度が基準として設けられており、0・08%などという基準値を超過した際に酒気帯びや飲酒運転の違反切符を切られることになる。

これを私の体重で計算してみたら、ウイスキーで4杯くらいまでは飲んで運転しても大丈夫ということになり、車社会ならではのゆるさだと言える。

ただし、一度逮捕されたらその処罰は過酷なものだ。留置場に入れられて保釈金を払い、その後、弁護士を雇って法廷で争うなどの諸費用で、少なくとも5000ドルはかかるというのが一般的な理解だ。

しかもDUI（Driving Under Influence）という不名誉な記載が運転免許履歴に記載され、保険の掛け金が大幅に上がるだけでなく、就職や外国人なら永住権の申請などで諸々の不利益を被ることとなる。たとえば永住権や査証の申請時にはこれがあるだけで、自分がアルコール依存症ではないという証明を求められることになるそうだ。

よって全米の繁華街、特に夜は、どこでもウーバーの需要が大きくなっているので、運転していると、しょっちゅうお呼びがかかる。ロサンゼルス郡の例でいうと、だいたいどこで開始しても、夜はハリウッド界隈かダウンタウンに行くことになる。

遠くから来る人ばかりかというとそうでもない。マンハッタンビーチという近所の少し高級な繁華街では、近くの住人がみな車を使わないようになったという。

そこで、特に週末たいへん賑わう人気のクラブやその周りのバーを訪れる2キロ圏内ほどの地元に住む人々を送って、何度も単純往復することがよくあった。そこで、「二台所有していた車の一台を売った。必要ないからね」というようなセリフをライダーから幾度となく聞いた。

夜の酔客の他に繁華街で多いのは、海外からの観光客だ。英語をほとんど話さない人たちも多いが、ウーバーでは言語を介する必要がほとんどない。最初に名前を確認さえできればあとは指定の場所に連れていくだけだからだ。また、チップもアプリから払うことができるので、現地通貨の持ち合わせを気にする必要もない。

個人的な印象では、乗客のチップに関しては夜のほうが気前よくなることが多いようだ。その一方、不当な評価をつけられたケースも夜のほうが多い。酒に酔っていると、機嫌のアップダウンが激しくなるのは仕方がない。

②朝のラッシュアワー時はいつもサージ・プライシング

通勤にウーバーを利用するケースもたいへん増えている。これは通勤ラッシュの時間である午前七~九時頃にアプリを立ち上げるとすぐにわかる。サージを示す濃い色が広範囲に広がっている。この時間帯に向けたボーナスも出ることがある。ラッシュアワーのライドで一件あたり2ドル追加される、という具合だ。

私は朝の運転はあまりしなかったが、この時間帯は車をつかまえるにも少し時間がかかるのを覚悟したほうがよさそうだ。これまでカープールといって、知人同士で車を共有して通勤していたケースなどでも、ウーバーに切り替えている場合があるとも聞くし、時間に遅れてバスに乗る代わりに学校に通う学生もいるに違いない。

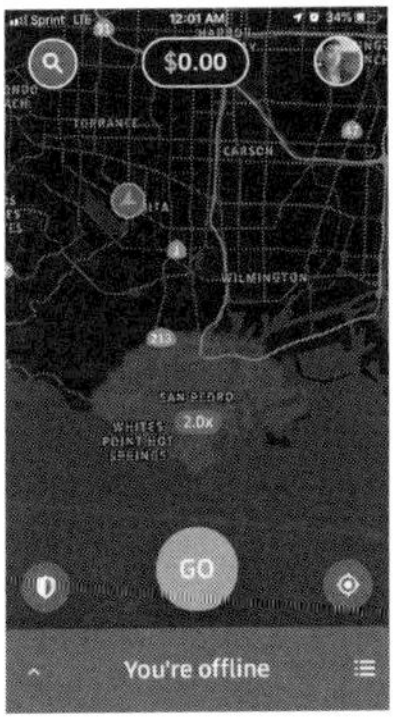

図34　サージ・プライシングが起こると、そのエリアの色が濃くなり、近くにレートも表示される。需要の高いエリアほどレートが高い

③介護プログラムの一環でウーバーを提供

夜の酒場や朝の通勤と並んで多いのが、高齢者や病人の介護のための使用だ。運転し始めて二日目、近所でアジア人の高齢の女性を乗せたことがあった。彼女はまったくと言っていいほど英語が話せなかったため、コミュニケーションの手段がなかった。私もまだまだ不慣れだった。

一時間ほど南下したベトナム人街の病院が目的地だったのだが、片言の英語で待っていてくれという。どれくらい診察に時間がかかるのかわからないし、そもそもメーターをオンにしたままそんなことをしていいのかもわからなかったのでたいへん困惑した。

すると、彼女は誰かに電話をして私と話せという。通話の相手は彼女の孫らしき若い女性で、それによると、これはケアテイカーによって手配されたものだった。どうやら介護プログラムの一種で最近はウーバーを提供するケースがあるらしい。

病院にいっしょに入って時間を聞くと、二時間くらいかかりそうだという。なんだか気の毒に思えたので、一度メーターを落として終わる頃にもう一度病院に様子を見に行った。結局、帰り道が同じということで、そのままメーターを切って、彼女を拾ったところまで、ボランティアで連れ帰るという顚末になった。

④お客はドラッグディーラー？

緊張が走った経験もいくつかある。なかでも記憶に残っている事件は三つあって、一つめは、違法の匂いがプンプンする「何か」の密売人らしき乗客を乗せたことだ。

時間帯は深夜一時過ぎ、とあるモーテルで乗せた若い男性乗客がすぐ近くのコンビニまで行く様子。乗せるなり、「すぐに終わるから待っていてくれないか」と言われたので、駐車場で待機していた。たまたま店の前に停めたので彼の様子はそのまま車の中から確認することができた。


念のための用心もあり注視していたところ、どうも店の中で誰かに話しかけているようだ。そのまま店を出てきた彼を追いかけるように、あとから出てきたその男性はポケットの中から現金を取り出し、私の乗客に手渡したかと思うと、何か小さな紙袋のようなものを受け取ったのである。

何食わぬ顔で車内に戻ってきた乗客は、「ありがとう、チップあげるよ！」と言って、モーテルに戻るよう指示した。

しかしその途中、目の前をパトカーが走った瞬間、彼の表情が一瞬こわばったのを私は見逃さなかった。ホテルで彼を下ろしたあと、私のアプリには彼からの１ドルのチップが表示されていた。

⑤危機一髪、車内で嘔吐寸前！

次は、事件ではないのだが、今でも忘れられないのが、車内であわや嘔吐されそうになったことだ。これも深夜一時過ぎ。地元の町で、私が行きつけのプールバーの隣のバーから二人の二〇代と思しき男性を拾った。

しかし、そのうちの一人の様子が明らかにおかしい。もう一人の男性が、その彼に「大丈夫か？」と声をかけているのだが、青い顔をしたその男性はろくに返事もできない。ちょうどその頃、私はミニバンという少し大きめの車を運転していた、これは我が家の家族を乗せるためのファミリーカーである。嫌な予感しかしなかったので、いつでも停まれるように、速度を落とし、いちばん右側の車線（日米では進行方向が反対）を走行していた。

「ストップ！」と彼が突然言った瞬間、停車し、彼の横のドアをスライドさせた。開いた瞬間、彼は道路に向かって嘔吐し始めた。幸い運転手席から自動で開閉できたので、間一髪というところだった。

ウーバーではこのような事件で、車内に損傷が起きたらクリーニング代などの原状復帰代金を請求できるようになっている。しかし、この男性はまず窓から少し吐いて、その後はスライドしたドアから行為を続けたので、私の車にはほとんど外傷と呼べるようなものがなく、私もすぐにカーウォッシュに行ったことから痕跡すら残らなかったので、ウーバー社に報告はしたものの、詳細を求める返事には対応しなかった。

⑥深夜の薬物中毒者

米国らしいエピソードという点では、もう一つ少し身に危険を感じた体験もあった。これはもう深夜二時を過ぎていた頃だと思う。カリフォルニア州では飲酒は（現時点では）午前二時までと決まっているので、バーの類もだいたいこの時間で閉まり、酔っぱらった客がたくさん出てくる頃である。

なぜか道路の真ん中の中央分離帯あたりで女性客を拾うことになったのだが、どうもこの女性の様子がおかしい。だいたい乗客が乗ってくると、「How are you?」といった挨拶をするのだが、彼女は一切答えない。そのあと、いくつか質問をしたのだが、「No.」と「Go.」しか言わない。

空恐ろしい気分になってきた私は、できるだけ早く目的地に到達して彼女を降ろそうということだけに集中していたのだが、赤信号で止まっているときにいきなり「Go!」と言われたのでびっくりしてしまった。そして赤信号だから無理だ、と告げると、いきなりドアを開けて降りてしまった。どうやら薬物をしていたらしい。背中に冷たいものが走った瞬間だった。

⑦38ドルの走行でチップ40ドル!

これらとは逆に、気分がよくて覚えているケースもいくつかある。家族用の車を運転することにリスクを感じた私は、ウーバーにはおもに普段、仕事で使う乗用車を使うようにした。ちょうど乗り換えたばかりのドイツ車だったのだが、これがウーバーセレクトというウーバーXの上位版に該当する車種だった(というか、その可能性も考えて乗り換えたというのが実際である。セレクトを運転したらどうなるのかに興味があったのだ。笑)。

セレクトは1マイルあたりの報酬がXの倍以上あるうえに、いわゆるギャランティの設定があるので、呼ばれた時点で5ドルは稼げるようになっているのだ。

ある日、とても気前のよいお客さんを乗せることになった。彼と彼の友人を乗せて、しばらく走ってまず彼の友人を降ろす。この時点で深夜二時過ぎだったと記憶している。お客さんからお腹が空いたから近くのハンバーガー屋さんに寄ってほしいと言われた。そして、悪いからチップ弾むよ！　と言う。50ドルでいいか？　と聞かれて私はびっくりしてしまった。

セレクトを呼んでいる時点ですでに割高の料金を払っているのを知っているのだろうか？　でも目的地は高級住宅地なので、裕福な方なのだろう、そう思って生返事をしておいた。相手は少し酔っている。

寄り道することなど、しょっちゅうある。それでいちいちチップをもらうというのはあまりないことだ。あいにく、彼が指定したハンバーガー屋さんはその日たまたま閉まっていて、別のタコス屋さんに行くことになった。「君もなんか食べる？」と親切に聞いてくれたのだが、残念ながらその日の昼食がタコスだったので、丁重にお断りした。

かなり買い込んだお客さんはその後、それを持って家の中に入り、実際に40ドルの現金を私に手渡してくれた。ちょうどこれしかなくて、ごめんね、と。

あとで代金を見ると38ドル。走行時間は二〇分弱で、走行距離はわずか10キロほどではなかったか。短時間にたくさんの報酬を得て気分をよくした私は、その日の業務を終えることにして帰宅した。

⑧ホームレスの町、スキッド・ロウでのピックアップ

深夜一時過ぎ、そろそろ帰宅しようかと思っていたら、ダウンタウンのあたりから呼ばれたので向かったところ、普段行くような繁華街の方向から少しはずれたところに誘導される。これには悪い予感がした。というのも、それはロサンゼルスでは有名なスキッド・ロウと呼ばれる地域だったからだ。

そこは、数ブロックにわたって無数のホームレスが生活している一角で、道の両側には青いテントが立ち並び、夜になったら焚き火をして暖をとる光景を見るようなところだ。何より、道にホームレスが溢れかえっていて、とてもじゃないが観光客を案内したくなるような場所ではない。昼間はとにかく夜は地元の人間なら絶対近寄らないところだ。

いったい誰が呼んだのか？　道には警備員のような人が立っているだけだ。まさかホームレスに呼ばれたのではないだろうが、ここで働く警備員を乗せるのもつらいなと思った。その頃、この地域ではB型肝炎が流行っていて、警察官に伝染したという話も聞いていたからだ。

数分、ドキドキしながら乗客を待っていると、目の前のビルから三人組が降りてきた。ロックミュージシャンのスラッシュとよく似た風貌の男性と、独特の濃い化粧と肌の露出のかなり多い服装をした若い女性の二人組だ。目的地はすぐ近くの薬局で、ウイスキーとコンドームを買いに行くのだと冗談めかして話されたのだが、早くその場から立ち去りたくてしょうがなかったので、会話はほとんど上の空だった。

かろうじて話の中で、なぜこんなところに住んでいるのか、とだけ聞いてみたら、ここはまだ端だからそんなに治安は悪くないんだと言われた。住めば都なのかもしれないが、とても家族を安心して住まわせる類の場所ではないことだけは確かだ。それ以降、その周辺地域は極力「流さ」ないようにしている。

第五章　ウーバーの軌跡

世界展開の光と影

二〇一八年八月、日経新聞がウーバー社の業績が伸長し続けていることを報じた。それによると、同社が八月一五日に発表した二〇一八年第2四半期（四～六月期）決算の売上高は120億ドル（約1兆3000億円）で、初めて一兆円を超え、ライドシェア以外のサービスを含む全体の売上で前年比140％以上となったとのことである。

すごい成長率だ。しかし損益では8億9100万ドルの赤字、続く第3四半期（七～九月期）の損益はさらに膨らみ10億7000万ドルの赤字となった。

ここで、問題視すべきは、本業のライドシェアリング事業の損益が赤字となっている、という点だ。市場競争が激しいことによるドライバー獲得のためのキックバック（販管費）もあるが、その主たる要因は、訴訟費用である。

現在、ウーバー社の時価総額については（諸説あるが）600～720億ドルと言われている。二〇一八年三月末時点で200億ドル弱の総資産と、117億ドル弱の総負債、そして1万9000人の従業員を抱えている。

第三章で述べた通り、すでに複数から多額の出資を受け入れており、会社の規模もかなり大きくなっている。買収できる企業も限られているため、残された出口戦略は上場のみ。そのためには、収益性改善が課題となってくる。

ウーバーの成長の軌跡は、まさに「ディスラプト」という形容詞が相応しい。破竹の勢いで、文字通り「破壊的に」拡大する姿は、目を見張るものがあった。しかし、その成長の裏には、多くの成功と失敗があった。

半ば過激に、全世界展開を進めてきたウーバー社だが、上場に向けての死角はないのだろうか？

本章では、これまでウーバー社が、規制とどう向き合ってきたのか、海外展開の事例などを交えて見ていく。併せて、同社の未来について、考察してみたい。

規制を打ち破ってきたウーバー

「ドル箱」ロサンゼルス国際空港のタクシー&ライドシェアリング乗り場で、何が起こっているか?

ロサンゼルスで急速に成長していたウーバーが、最後に攻略にかかった「本丸」がロサンゼルス国際空港(LAX)だった。LAXは、全米最大の空港の一つで、年間利用者数は7500万人にのぼる。

先にも述べたが、市街には流しのタクシーが存在していない。これが、地元民の不満にもなっていた。ロサンゼルスの公共交通手段はとてもじゃないが便利と言えるレベルではない。空港から帰宅するための選択肢は少なく、また、歩いて帰るわけにもいかず、家族や知り合いに迎えに来てもらうのが一般的だ。しかし、飛行機は遅れることもある。到着してから、入国管理局や税関を通過するまで、結構な時間をとられることもしばしば。迎えを頼んだ人にはそれなりの迷惑がかかることになる。

一方、タクシーは常駐している。あれだけ市内にいないタクシーが、すぐにつかまる。友人にも迷惑がかからないのだから気が楽だ。私の場合、空港から車で十五〜二〇分ほどのところに住んでいるので、普段はタクシーで帰宅していた。

実際、十分な需要があったようだ。タクシー乗り場は、長蛇の列とまではいかないが、空港職員に統制されているくらいの賑わいようだ。そして、ラッシュでタクシーの列がなくなっても、しばらく待てば次の車両がやってくる。さらに、空港職員が配車のアシストをしてくれるので、ぼったくり被害に遭うことも少ない。(一応)明朗会計が謳われており、人気のある目的地への大まかな料金表も、車内には掲示されている。

と、いいことばかりに見えるが、実際には、交通状況に応じて価格は変動する。また、通常20%が目処とされるチップも現金で払う必要がある。運転手からすれば、まさに「ドル箱」だが、利用者にとっては金がかかりすぎた。ウーバーをはじめとする、ライドシェアリング・サービスに光が当たり始めたのは、こうした乗客たちの価格とサービス内容への不満が募っていたことによる。ウーバーがロサンゼルスで勢力を拡大するにつれ、空港への乗り入れを要望する声が高まっていった。

もちろん、他の地域同様、既存のタクシー会社とその運転手からは、少なからず抵抗があったに違いない。しかし、利用者の要望にはかなわない。二〇一五年の一二月にリフトが、翌一月にウーバーが、新たに定められた条件を遵守することで、乗り入れ可能となった。

現在も、LAXに乗り入れできるのはウーバーとリフトのみで、空港から客を乗せるためには、簡単なテストを受ける必要がある。テストといっても、実際は、一〇分程度の動画を見て、それに関するごく簡単な質問に答えるクイズのようなものだ。受験したら、ほぼ誰でも受かるレベルの内容なのだから、実質ハードルはほとんどないと言っていい。

テスト合格後、発行される許可書（パーミット）を印刷し、車のフロントガラスに掲示すれば、空港での迎えが可能になる。他にも、所定の空港税（4ドル）を払うこと、タクシーがいない二階のみ配車可能とすること、などの条件はあるが、規制としては、決して強いとは言えないものである。

空港まで乗客を乗せていくのは、許可書がない運転手でも可能だ。

空港からは中長距離の乗客が多く、スーツケースを携えている一行も多いことから、XL（大型車）の需要もある。運転手からすると効率よく短時間で大きな金額を稼ぐチャンスだ。こうして、「ドル箱」は、ウーバーやリフトにもシェアされるようになった。LAXのCEOデボラ・フリントによると、ウーバーに先駆けて乗り入れを行ったリフトは、最初の二週間で、なんと5万件ものライドを提供したそうだ。

これは市民の強い要望が行政を動かした好例の一つである。郷里での乗り入れを目標の一つに掲げていたカラニックも、「本丸」を攻略できたことにたいそう喜んだことだろう。

ただ、タクシーとは違った問題もある。それは、前述のサージ・プライシングである。これは需要と供給によって変わるので、道路が混んでいなくても発生する点がタクシーと異なる。

ある日、日本出張から戻り、ウーバーを手配しようとしたところ、いつもなら20ドル前後で乗れるはずが……5、50ドル!? 見積もりが変動することも多いので、アプリを再起動。タイミングも変えてみたが、打つ手なし！ 待っている人もまばらなのに、どうしてこんなに高いのだろう？ 疑念を抱きながらも、早く帰宅して休みたかったので、仕方なくそのまま呼ぶことにした。

これにはちょっとした裏があった。後日、ＬＡＸに乗り入れしている運転手仲間に聞いてわかった。どうやら空港では、運転手が高い料金を得るために談合して、ちょっとした悪巧みをする場合があるらしい。運転手みんなで図ってアプリをオフにする、というものだ。乗客は多いのに、運転手が少なければ、需要過多になる。そうすれば、運賃が上がって、さらなるドル箱の完成だ。

時折、ライドシェアリング運転手専用の待機エリアでは、多くの運転手がいるにもかかわらず、立ち話などをして仕事をする気配が見えない不思議な光景がある。これだったのか、と知ったときには、乗客側としてだけでなく、運転する側のプロ意識からも、許せない！　と、ひどく憤慨したものだった。もちろん、運転手の気持ちもわからなくもないのだが。

このような状況は、乗客側にはまったく見えないので、心底迷惑な話である。なお、現在は、待機順位のリセットなど、ウーバー社側もうまく対応策を施したそうだ。

いずれにしろ、『ウーバーで他人の倍稼ぐ本』なんて本を電子書籍で出したら儲かりそうなくらい、それぞれの運転手は工夫を凝らし、戦術を練りながら日々の生計を立てているのだ。

観光客用「乗り捨てられる車」が必須のラスベガス事情

ロサンゼルスから自動車で北東に進むこと、四時間。お隣のネバダ州との州境を越えてしばらくすると、カジノの代名詞であるラスベガスに到着する。ラスベガスは、商用と観光含め年間４０００万人の訪問者を迎える一大観光都市だ。ホテルの客室総数は15万室、毎年開催されるカンファレンスは実に3800弱。毎年年始に開催される世界最大の家電市であるCESの時期などは人でごった返し、宿泊料金も普段の数倍に跳ね上がる。

このラスベガス、ラスベガス・ストリップと呼ばれる目抜き通りからダウンタウンへ、あるいは、その他郊外のレストランなど、どこへ行くにも、そしてホテル間の移動ですら、車がないと非常に不便な町である。よって、タクシーが交通手段の花形なのだが、乗ったことのある人にはおわかりのように、今ひとつ経路が明確ではない。ホテルで簡単につかまるのだが、目的地に行くまでに迂回されているような気がすることが多い。必然的に料金が高くなってしまうのだが、乗客が苦情を言っても運転手は耳を貸さない。

実は、ここでも現地の運輸局と既存業界を巻き込んだ、丁々発止の攻防が長らく続いていた。二〇一四年一〇月、ウーバーは「非公式に」ラスベガスでサービスを開始したものの、わずか数時間でサービス停止を余儀なくされる。その間に運転していた運転手のうち最低四人がラスベガス市内で最大罰金1万ドルの違反切符を切られていたのだ。それから一ヵ月後に公聴会が開かれ、そこから当局と地元のタクシー業界を相手どったウーバーの戦いが始まる。

結局、ウーバー側が利用客の需要を背景に交渉を優位に進めた。結果、各運転手が乗客を乗せている間は最低150万ドルの保険に加入すること、そしてビジネスライセンスを取得することという条件のもと、二〇一五年秋に正式にサービスを再開。

その時点ではラスベガスの主要空港であるマッカラン空港に乗り入れすることはできなかったが、これも同年十二月初旬より全面解禁となる。これにより、それぞれのターミナルに設置されたライドシェアリング用乗り場から乗車することが可能となった。

ラスベガスでのライドシェアリング・サービス解禁の背景の一つとして、それまで無料だったホテルのバレットパーキング*が有料化されたこともある。それにより、レンタカー利用者の利便性がまた減ったのだ。必然的にタクシー需要が高まるのだが、それより価格面で競争優位性を持つライドシェアリングを一般大衆は好んだのである。

＊バレットパーキング
ホテルやレストランの駐車サービスのこと。自分で運転してきた車のキーを係の人に預けると、代わりに車の駐車をしてくれたり、外出時には車を出してくれたりする。

ウーバーを規制する国々

これまで挙げてきた例だけを見ると、まさに「飛ぶ鳥を落とす勢い」のウーバー。二〇一八年一一月現在、世界七二ヵ国・地域、六〇〇都市で展開しているとのことだ。しかし、まだまだ厳しい規制や既存勢力の抵抗にあっている地域が少なくないのが現実だ。決して順風満帆だとは言えないのだ。

たとえば、中国。国産ライドシェアリングであるディディ*（滴滴出行）が強いなか、ウーバーはライバルに対する事業売却という手法により、ディディの株主になるという選択肢を選んだ。

ロンドンでは、既存のタクシー業界の権益を守ることが優先され、ウーバーらには、極めて限定的な営業許可しか与えられていない。

ここでは視点を海外に移して、そうした規制の強い国や地域の事例を紹介したい。

*ディディ（滴滴出行）
北京市に本社を置く中国の大手ライドシェア企業。中国の400都市の4億人以上のユーザーへ交通サービスを提供している。同社は「タクシー配車サービス」、「私用車配車サービス」、「ヒッチ（ソーシャルライドシェア）」、「ディディ・ショーファー」、「ディディ・バス」、「ディディ・テストドライブ」、「ディディ・カーレンタル」、「ディディ・エンタープライズソリューションズ」、「ディディ・ミニバス」、「ディディ・ルクゼ」及び自転車者エアリングなどのサービスを展開。スマートフォンアプリを通じて提供している。

中国に挑んだウーバー「試合に負けて、勝負に勝った」

世界一の人口を抱える中国ではどういうことになっているのか？　実は、もう二年以上前に「結論」が出ている。ウーバーは中国市場にはもはや存在しない。国産競合のディディに買収されることになったのだ。二〇一六年八月のことである。当時の現地での報道を見るに、この合併は電光石火の速さで行われたようだ。

当時、ウーバーが発表していた同時期の全世界の都市別配車実績ランキングにおいて、上位十都市のうち実に七つ（展開は二一都市）が中国の都市だった。しかも四川省の成都では世界に先駆けて、Uber COMMUTE**というサービスも展開していた。二〇一五年の時点で一日の乗降数は100万回を超え、成都だけで77万人もの運転手がいたというからやはり規模が大きい。

しかし、一方の競合のディディは、ユーザー数3億人以上でシェア9割（当時）。中国におけるライドシェアリングの巨人である。アウェイの中国ではさすがのウーバーも苦戦。競争目的で運転手に対して支給していた補助金も

＊＊Uber COMMUTE
いわゆる「相乗り」サービス。ウーバー・プールの前身。ドライバーが向かいたい方面と同じ方面に移動したい他人を乗せる、というドライバー向けのメニュー。世界に先駆けて中国で展開されていた。

巨額にのぼり、赤字を垂れ流す状態になっていた。さらに、主要都市でしか事業展開できないことや、使用される車両の縛りなどの制限などから、運転手の獲得にも苦戦を強いられていたようだ。

結果、ウーバーは、株式交換によって売却を行った。事実上の撤退である。

しかし、これは必ずしも悪い結果とは言えない。というのもウーバーは、この売却によって、中国、いや世界最大のライドシェアリング市場の覇者である「滴滴出行」の株式を20％も保有することになったのである。

そのまま続けても、おそらく苦戦のうえ、撤退を余儀なくされていたのだから、これは、経済活動としては成功と言えるだろう。結果的に中国から追いやられてしまったＩＴ業界の巨人グーグルと比べると、この展開は、「試合に負けて勝負に勝った」と言えるものかもしれない。

アジア諸国でも展開は難航

他のアジア諸国での動きはどうだろう？

二〇一八年三月下旬、タイで、ウーバーのユーザーに対して、事業停止を告知しつつ、グラブタクシーへの移行を促すメールが一斉送信された。このメールによれば、二〇一八年四月八日付で、タイを含む東南アジアでのサービス停止を発表している。ここでもウーバーは、中国での事例と同じく、シンガポール拠点のグラブタクシーに事業売却している。

ウーバーへの風当たりの強いEU諸国

英国の首都ロンドンは、世界でもそのプロ意識で有名なロンドンタクシーを擁する。そして、ウーバーに待ったをかけた最たる例だ。推定4万人のウーバードライバーによって市街の渋滞が悪化したほか、ドライバーの質も当局に問題視され、何度も衝突が起こっていたのである。

まず、二〇一六年、ウーバー社は労働裁判で訴えられた。訴状内容は、実質「雇用状態」にあるにもかかわらず、個人事業主の形態をとっており「労働者の権利が保護されていない」というものだった。この裁判では、ウーバーの運転手も「雇用状態」にあるので、最低賃金が保障されるべきだという評決が下されている。

そして、二〇一七年、ロンドン市が、「ウーバーを締め出す」施策を掲げると、同年九月、ロンドン交通局*（TfL）は、ウーバーの営業許可証を取り消し、その更新を拒否した。理由として表向きに挙げられたのは、登録に必要とされているドライバーの身元や犯罪歴の調査報告に関して、保安上の懸念があるということだった。が、実際のところは、ウーバーをロンドン市内から追い出し、既存のタクシー業界の権益を守るためだとされている。

ロンドンは歴史のあるいわずとしれた西欧随一の都市であり、観光産業も規模が大きい。独特の形の、車高が高めの黒いタクシーは、これぞロンドン！といった感じで、あちらこちらでモチーフとして使われている。ロンドンタクシーをそのトレードマークとして売り込みたい当局と、ともすれば「白タク」と判断されがちなウーバーの戦いは、さらに激化している。

ちなみにその後、二〇一八年の六月、当局は一五ヶ月間という期間限定の

*ロンドン交通局（TfL）
イングランドのグレーター・ロンドンの公共交通事業を所管する地方行政機関。交通政策の実行と公共交通システムの運営を行う。

営業認可を出した（ウーバーは、一八ヵ月間を要求していた）。

ウーバーのような「ギグ・エコノミー」と称されるネット経由の単発タスク型の自営業ビジネスは、イギリスに限らずＥＵ諸国では一般に毛嫌いされる傾向がある。オランダとフランスでは、ウーバーは家宅捜索を受けているし、フランスのＣＥＯとヨーロッパのＧＭは二〇一五年、フランス当局に逮捕されている。

その際の直接的な容疑の一つは違法なタクシー営業、そして、もう一つは情報隠蔽による捜査妨害だったが、ＥＵ諸国で嫌われる大きな理由は、責任の所在と納税に関するもの、そしてちゃんと許認可を受けて運営している既存産業の保護である。「エア・ビー・アンド・ビー」によって、従来の観光産業の経済基盤が衰退した」と日本での講演で警鐘を鳴らしたのは、フランスのホテル・レストラン事業団体のシュネ会長だった。

実はこの少し前にパリで、タクシー運転手らによるウーバーに対する大規模な抗議行動が行われ、２８００人のタクシー運転手が参加したとされる。

それに伴い70台の自動車とウーバーの運転手らが襲われ、車をひっくり返して燃やすなどの蛮行が起き、警察と衝突もあった。

これらを受け、ウーバーXに相当する格安サービス、ウーバー・ポップ(Uber Pop)のサービスが業務停止命令を受けることとなった。既存のタクシーサービスより安いうえに、ライセンス認可を受けていないということで、既存勢力が強く反対した結果である。

メキシコ高級リゾート地カンクーンでも難航

メキシコにある高級リゾート地カンクーンでもウーバーは難航。二〇一七年にサービスが全面禁止となった。

そもそもメキシコは、麻薬を扱うマフィアたちが常に抗争をしている国。国内での犠牲者数は、世界最悪の紛争地域の一つであるシリアにも匹敵する。メキシコには私も仕事で行ったことがあるが、国境をまたぐだけで、米国とはまったく異なる世界が広がる。警察の収賄事件の話もしょっちゅう聞くし、抗争犠牲者の生首やら手足のない死体やらが道端や橋に放置されている、なんて話は、いくらでも耳にする。

衛生面と安全面、そしてぼったくりの心配などを憂慮していた市民は、明朗会計で安全なウーバーを強く支持していたもようだ。これはおそらく、海外からの観光客も同じだったに違いない。

しかしながら、行政は別の選択肢を選ぶことにしたようだ。年間2000万人を超える観光客。国内有数の観光地であるがゆえの、既得権益を巡る争いであったとされている。その争いでは、実際に抗争が起きて死者1名を含む負傷者まで出たというから驚きだ。

世界で起こるウーバーに対する訴訟騒動

ウーバーとはいわば「民間人によるタクシー業」だ。法的規制によって管理運営されていない、と聞いて、最初に懸念されるのが、セキュリティ面だろう。特に、深夜、繁華街からの帰りなどで利用する際には、女性でなくとも身の危険を覚える状況があるかもしれない。

実際、そこで起きた性犯罪に対する訴訟をウーバー社は数多く抱えており、それが、本章の冒頭で述べたように、ウーバー社の財務を圧迫しているのが実態である。

ここでは、各国でいくつか起きた性犯罪を中心とする暴行事件の例を挙げてみよう。

アメリカで頻発するウーバー運転手による性犯罪

二〇一四年一二月一七日、ウーバーの運転手であるアレハンドロ・ダン(Alejandro Done)容疑者が、その一〇日ほど前にマサチューセッツ州ボストン市内で乗せた女性に対して性的暴行を働いたとして、法廷で罪状認否を求められた。

ダン容疑者は、女性の知らないところまで車を走らせ、人目のつかない場所に駐車したのち、女性が座る後部座席に乗り込んで暴行を働いたという。

同容疑者には、強姦罪や誘拐罪、暴行罪など複数の容疑がかけられる。

米ハフィントンポストはウーバー社の広報担当のコメントとして下記のような発表をしている。(二〇一四年一二月一九日の記事)

「今回の事件は許すことのできない卑劣な犯行です。われわれは、被害に遭った女性が一日も早く回復することを、心からお祈りしております。ウーバー社は警察当局との連携を強化し、当局の捜査を支援するために最大限の協力を続けていきます」

のちに警察当局の捜査で判明したところによると、ダン容疑者は数年にわたって、他にも同様の罪を犯しており、懲役一八年が宣告された。

二〇一八年に米キーメディア局CNNが独自に捜査したところ、過去四年間に、全米で少なくとも103人のウーバー運転手が、乗客に対する性暴力で罪に問われたことがわかった。その中には、過去五年以上にわたり、さまざまな性的虐待や暴行を続けていた者もおり、計34件の罪状により禁錮八〇年を言い渡されたというから、かなり悪質な凶悪犯罪者である。

乗客が安全に帰宅することをモットーにしているウーバーにとって、このような問題は致命的だ。新規採用の際には、もちろんバックグラウンドチェックを行っている。しかし、現実には、それでは不十分だった。このような問題に対する根本的な対応策はやはり練られていないというのが実情だ（これは、エア・ビー・アンド・ビーが、常に盗撮や盗聴のリスクをはらんでいるというのと似ている）。

ＣＮＮはさらに全米二〇ヵ所の警察署に取材し、ライドシェアリング・サービスに関する被害届件数と立件された数の比較を行った。驚いたことに、実際逮捕に踏み切れたのは、そのうちわずか一、二件だった。ということは、これらの数（１０３人）は、氷山の一角に過ぎないということか。

実際、私の身の回りにも、未遂事件があったくらいなので、その結論には同感だ。

インドのウーバーの営業停止処分を招いた凶悪レイプ事件

米国外で有名になったレイプ事件というと、インドがある。

二〇一四年一二月八日、インドの首都ニューデリー市当局は、ウーバーに営業停止処分という厳しい処分を科した。その少し前の、ある運転手による二五歳の女性乗客に対する強姦が発覚したことに端を発する。

大問題とされたのは、この容疑者が、二年前の二〇一二年にも別のレイプ容疑を抱えていたことだった。前述のように、ウーバーは、運転手の採用時に厳密な犯罪歴などの経歴調査を行っている。にもかかわらず、このような事件が発生した。そのことを重く見た当局の判断だった。

そもそもインドは、性犯罪が多発していることで悪名高い。通学バスの中で女子生徒がレイプされたり（二〇一二年）、未成年をレイプしたあとで火をつけて殺したりするような事件が頻発している。ウーバーならずとも、普通のタクシーでも同じような懸念があるに違いないのだが……ウーバーの運転手ということで大きく取り上げられてしまったとも言える。

ちなみにこの事件のシブ・クマール・ヤダブ被告は、レイプ、脅迫、誘拐、傷害の四件の罪を問われ、終身刑の有罪判決を受けた。国際世論も、インドでの性犯罪を重く見ている。そのおかげか、最近では、インドでもレイプに対する罰則が厳しくなっているようだ。

ウーバー運転手による暴行事件の一方で、ウーバー運転手が襲われる事件も起きている南アフリカ

二〇一六年には南アフリカでも怖い事件が起きている。

トレーシーという五〇代の女性が、自宅にほど近いレストランでお酒を飲んでいた。帰宅のためにウーバーを呼び、助手席に乗り込んだところ、いきなり後部座席から腕が出てきて、細いワイヤー状のものを首に巻きつけられそうになったという。咄嗟に全力で対応した彼女は、走行中の車のドアを開け、外に転がり出たそうだ。

実はこの犯人、同時期に別の場所でも女性やカップルを相手にレイプや強

盗を行っていた。銀行から大金を下ろさせ、自分の口座に振り込んだりもしていたという。トレーシーの通報後、最初はまともな対応をしていなかった警察も、のちに真剣にこの犯人たちを追い詰め、最後は逮捕に至ったという。

日々自身に対する評価にビクビクしながら運転していた私の感覚からすると、乗客を襲う運転手がいるというのは、とても信じがたいのだが……世の中には怖い事件がたくさんあるものだ。

その一方、逆に運転手が襲撃される事件も起きている。南アフリカで、ある運転手がいきなり乗客から顔と手に酸性の薬品をかけられて、車をハイジャックされて重体になったという。

また、ウーバーを快く思っていないタクシーの運転手が、ウーバーの運転手に対して暴行に及ぶこともある。これらの事件を見ると、まさに現代版ラッダイト運動といった感じだ。確かに、これまで大事にしてきた生活基盤をいきなりよそ者に奪われるとしたら、嫌悪する運転手がいたとしても不思議ではない。

暴力に訴えるというのは、本当に切羽詰まった状況ということなのかもしれないが、かといって到底容認できることではない。

南アフリカのヨハネスブルグでは、ウーバー運転手たちがウーバー・ドライバー・ムーブメント（Uber Drivers Movement）という団体を立ち上げ、これに700名以上が参加している。

これは、ウーバー運転手たちが不当な暴力犯罪から自分の身を護るために立ち上がったものだ。しかし、根本的な解決には至っていないのが実情だ。

ウーバー、経営と技術の課題と変革、その未来

本書を執筆している間にも、ウーバーを取り巻く環境は目まぐるしく移り変わっている。少しワイドショー的になってしまうが、二〇一八年上半期までにあったウーバー関連のニュースの中から、社会的インパクトの大きかったものを並べてみた。その中でも、「経営」面と「技術」面に関するものに

ついては、ここで触れておきたい。

経営面では、二〇一七年六月のカラニック辞任、そして、同じ年の秋から冬に行われた「一八〇日の変革キャンペーン」が特に大きなニュースだろう。なぜ行われ、どう変わったのかをご紹介しよう。

技術面では、二つ取り上げる。一つは、近年ホットなキーワードになりつつある、自動運転。そしてもう一つが、電気自転車・電動スクーター事業だ。ウーバーが何を目指し、どこに向かっていくのか？　その一端に触れられれば幸いだ。

「一八〇日の変革」キャンペーン

二〇一七年六月、衝撃的なニュースが流れた。「カラニック、辞任」。二〇〇九年のウーバー創業から、事業そのものを牽引してきた強烈なカリスマであるカラニックが二〇一七年六月の役員会でついに代表の辞任に追い込まれてしまったのだ（取締役は留任）。

二一五件に及ぶ（セクハラを含む）ハラスメントや、20人以上の従業員の解雇、グーグルの自動運転技術の盗用などが取り沙汰された。これにはワンマンの圧政に対する主要株主であるVCのベンチマークや、米ベンチャー投資会社でウーバーに初期投資してきたファーストラウンド・キャピタルからのクレームという意味合いも強く、実際に理由とされたセキュリティやプライバシーの問題は、彼を引きずり下ろしたい株主たちにとって格好の材料となってしまったのだ。

しかし彼は退職時点で全社の企業価値（日本円で約7兆8000億円）の9％弱に相当する60億ドル分の株式を持っているとされており、いわゆるゴールデン・パラシュート*などまったく必要のない状況である。本人にとっては不本意極まりないかもしれないが、エグジットとしてはこの上ないものだろう。その後カラニックは新たに自分の息のかかった取締役2名を指名したとの声明を出し、それを知らなかった株主や役員から批判があがったが、今は沈静化しているようだ。

＊ゴールデン・パラシュート
企業が買収される際、その企業の経営者が巨額の退職金を受け取り経営権を引き渡すこと。企業が乗っ取られても、経営者は退職金というパラシュートを用いて無事脱出できる、という意からだが、実際には、買収防衛策として用いられることが多い。

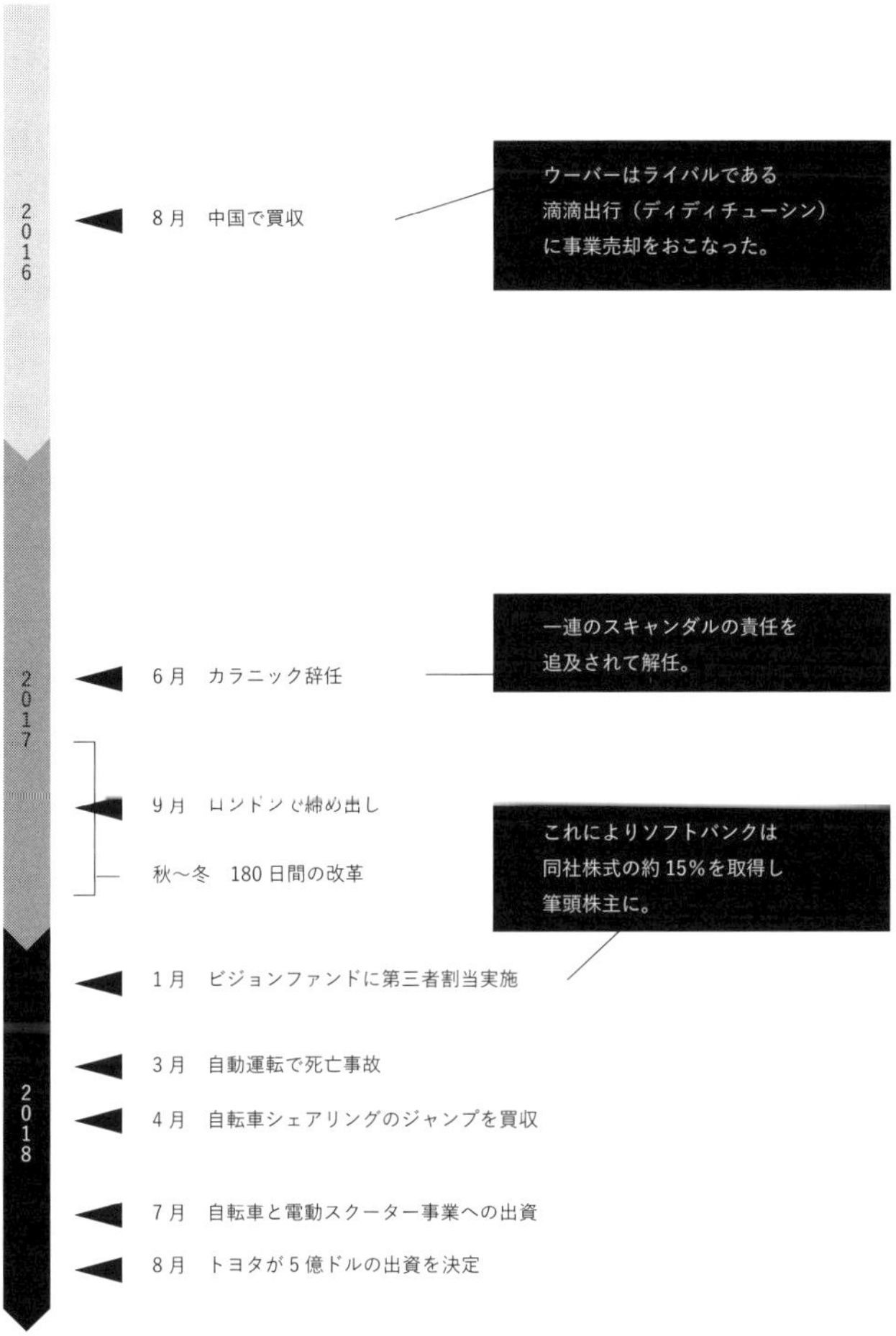

図35　2018年上半期までにあった、社会的インパクトの大きいウーバー関連のニュース

カラニックの退陣に伴い、ウーバー内部での刷新を求める声が高まったことを受けて、「一八〇日の改革」という大きな事業改革キャンペーンを行った。ウーバーが実行した一八〇日の改革は、二〇一七年秋、米国とカナダでの事業を対象に実行された。目的は、乗客と運転手に対し、より高品質なサービスを供給し、満足度を高めるためだ。そのため、半年間という長い期間を経て、あらゆる角度から業務刷新に必要な「ヒアリング」を行った。フォーカスしたポイントは以下の三点だ。

＊努力に報いる報酬体系
＊機会の増大
＊自身が変化の一部となれること

顧客の声に耳を傾け、ウーバーの日々のオペレーションに関する問題点を洗い出す。そして、問題を解決するような新しいサービスを提供することで、よりいっそう、サービス内容を強固にすることを主眼としている。

これらの変革がどうだったのか？　と言えば、おおむね好意的に受け入れられたようだ。この結果、運転手側にとっては「効率性」、「収益性」、そして「柔軟性」の三点が高まったからだ。そして何より、「競合によい運転手を持っていかれること」を極度に恐れるウーバーにしては、かなり抜本的な施策だった。社内外の風通しもよくなったことからも、まずまずの成功を収めたことが見てとれる。

具体的な革新内容をまとめると、次のようなものである。

1．チップ制度の導入

具体的に実行された施策の一つが「チップの導入」だ。

これまでウーバーは、従来のタクシー業界に存在していたチップに対し、一線を引くスタンスを貫いてきていた。しかし、運転手側は違った。一貫して、追加収入となるチップ制度の導入を求めていたのだ。

これまでも、チップは現金で手渡しが可能だったのだが、この施策によるアプリの仕様変更で、支払いの際にいっしょにチップを払いやすい環境が構築された。アプリの仕様では、そのシステムだけではなく、チップを三〇日まで遡って追加することができるのだ。

確かに、ウーバーに乗った際、チップを渡したくても現金の持ち合わせがないことも多く、運転手側に「チップの機会損失」が発生していた事実は否めない。北米では、それくらいサービス文化が根付いているのだ（かくいう私も、タクシーに乗るときには、料金の20％ほどを手渡すようにしている）。

このチップシステムの導入には、ウーバーの運転手を他のライドシェアリング・サービスに持っていかれないようにする、という意味合いもある。

2．報酬制度「クエスト」のシステム変更

クエストの内容が一部、更新された。これまで、クエストは不定期に現れていた。しかし、変更後、平日（月〜木）と週末（金〜日）の二回に分けて毎週提供されることとなった。

3．キャンセル制度の変更・待ち時間に対する課金

無料キャンセル時間の短縮、そして遅延料金が課されるシステムも、双方にとって大きな変化である。今までは、五分以内に指定のピックアップ場所

に姿を現せば、問題はなかった。しかし、変更後は、二分以上運転手を待たせた乗客（ライダー）は、遅延料金を課されることとなった。

運転手にとって、乗客が現れるのを待つ時間は短いほどよい。場所によっては、駐車禁止とかスペースが極度に限られたところで呼び出されることも頻繁にあるからだ。そして実際、駐車違反の場所で乗客を待っていて違反キップを切られたという話は頻繁に耳にする。

次なる課題 ――「ラストマイル」問題

現在、ウーバーが解決しようとしている次なる課題は「シームレスな（途切れない）トランスポーテーションの実現」である。

米国の公共交通機関網で課題とされているのが、いわゆる「ラストマイル」問題だ。ラストマイルとは、最寄り駅から家までの距離、１マイル（約１・６キロ）を指した言葉である。

日本では、自転車が使える環境が整っており、最寄り駅の近くに自転車を駐めておくことができる。しかし米国では、土地が広いうえに規制が厳しいために、自転車がそこまで普及していない。家に帰るときは、駐車場に置いてある自家用車か、誰かに迎えに来てもらうというのが一般的だ。

歩いて帰る、という選択肢ももちろんあるが、サンフランシスコやマンハッタンなどの都心部ならともかく、たとえばロサンゼルスでも、夜に問題なく「1マイル」歩けるエリアは限られる。

そもそも米国では、歩行者はそれほど見かけない。せいぜい、オフィス街で働いている人たちか、住宅地近辺での犬の散歩、あとはジョギングする人くらいだろう（例外は学生だ。一般的には家族が車で送迎するのだが、そうでなければ、徒歩で帰宅する。もっとも最近では、学生もウーバーを利用する。下校時刻になると、ウーバーも「下校ラッシュ」を迎えるようになった）。

アリゾナ州での死亡事故による自動運転への陰り、トヨタ自動車との業務提携による一筋の光

「自動運転」* は近年のホットワードの一つだ。そして実際、グーグルやト

*自動運転
人間が運転操作を行わなくとも自動で走行できる自動車。世界各国で実用化に向けた公道走行実験が行われている。二〇一八年一二月には、米グーグル親会社であるアルファベット傘下の自動運転開発ウェイモが自動運転車を使った配車サービスを米国で実用化したと発表。自動運転車の制御ソフトウェア開発に加えて、配車サービスの運営者に参入すると表明した格好で、ウーバー社などと競合することになる。

ヨタをはじめ、多くの企業がその研究開発に熱をあげている（もしくはあげていた）。ウーバーもそんな企業の一つであり、多くの投資を行ってきた。ウーバーの運転手仲間でよく言われるジョークといえば、「やっと自分に合った仕事ができたと思ったら、そのうち全部自動運転車に取って代わられるんだぜ」である。それを冗談では笑いとばせないくらいのコストを、ウーバーは自動運転に注ぎ込んでいるのだ。

しかし二〇一八年三月、事件は起きた。米国アリゾナ州で自動運転の公道試験を行っていたウーバーの車両が、死亡事故を起こしてしまったのだ。

事故の詳細は、米運輸安全委員会（NTSB）の暫定報告書に詳しい。この報告によると、ウーバーの自動運転システムは、衝突の6秒前に赤い自転車を押して道路を横断中だった歩行者を検知していた。そして、直前には衝撃を軽減するための緊急ブレーキが必要と判断していたのだそうだ。しかし、この緊急ブレーキは、事前に設定が変更され、作動しなくなっていたのだ！

加えて、この自動運転車の運転席には、係員が搭乗していた。もちろん、緊急時に、ハンドリングや制止対応などを行うためだ。それにもかかわらず、係員が実際にブレーキ操作を行ったのは、衝突のあとだったそうだ。

搭乗者は「自動運転システムの制御画面を見ていた」と言うのだが、まだ事故の真相は明らかになっていない。実際に制御画面を見ていたのであれば、衝突の1・3秒前にシステムが検知した際の異常に気づいていたはずだ。何より、目前の道路を注意深く見ていれば、歩行者に気がついていて然るべきではないか！

事故の瞬間の車内の映像は、同州テンペ警察によって一般公開されている。衝突時の車両速度は時速約40マイル（60キロ）。この速度なら、衝突1秒前に、両者は16メートル以上離れていた計算になる。事故当時現場は薄暗かったのだが、それでもセンサーは問題を検知できていた――。

いうまでもなく、この一大事はウーバーの未来戦略に大きな影響を与えた。アリゾナ州やカリフォルニア州は、比較的、自動運転には積極的な姿勢を貫いていたが、この事故を受けて、まずアリゾナ州が同社に対する実験許可を取り消した。カリフォルニア州では、サンフランシスコを含むその他の三都市について、公道試験が中止されたままである。

自動運転には、誰もが関心を示している。しかし、こういった事故が起きてしまった以上、その安全性がクリアにされない限り、行政としては認可しづらい。その後五月にロサンゼルスで開催されたイベントで、同社のＣＥＯであるダラ・コスロシャヒも、「この実験の再開時期については、安全性の検証を全段階で確認してからになる」とコメントした。


この事故からしばらくは、ウーバーが公の場で、自動運転について積極的に語ることはなくなった。

しかし、さすがウーバーである。二〇一八年、転機が訪れる。それが、二〇一八年八月の、トヨタ自動車との自動運転技術に関する業務提携である。

5億ドルという開発資金もさることながら、やはりトヨタブランド、世界でも「壊れない車」として不動の地位を築いてきた安心感は、途方もなく大きい。また、「モビリティ企業」を標榜するトヨタにとっても、シリコンバレーでも最先端を行くベンチャー企業との提携は魅力的なものだったはずである。今後、「世界で最も安全な自動運転車を投入する」という目標に対して、強いシナジーがもたらされることを思うと、期待せずにはいられない。

モビリティという点では、通信回線が必要だ。しかし、こちらも二〇一八年一〇月、ソフトバンク（スプリント）との業務提携が発表された。まさに、理想的な構図だ。このシナジーは、ソフトバンクのビジョンでもあったことは、疑う余地がない。

電気自転車と電動スクーター事業への出資

最近、都市部で流行っているのが、「アプリ連動で利用できるスクーター」のシェアリングサービスである。形は、いわゆるキックボードに似ている。スケートボードにハンドルがついているような形をした乗り物だ。このスクーターのサービスは、車を持たない人が多く、坂道が多いサンフランシスコやサンタモニカなどのビーチシティ、あるいは学生街などでよく見かける。

現在、最大手はバードだが、ウーバーは、バードの競合のライムに出資を行った。

ロイターによれば、ウーバー・テクノロジーズやアルファベット（グーグルの持株会社）らの投資家グループが行ったライムへの投資額は、なんと3億3500万ドル。一方のバードも、VC大手のセコイア・キャピタルなどから3億ドルを調達し、史上最速でユニコーン企業*の仲間入りを果たしている。

二〇一八年八月時点において、バードの時価総額は20億ドル、ライムの時価総額は11億ドルと高評価。まさに一昔前のウーバーとリフトのようだ。

ちなみにこの乗り物、一見便利なようだが、まだまだ交通法規上の問題や安全面の懸念も多い。時価総額の評価とは裏腹に、ごく一部の地域を除いては長続きしないのではないか、というのが個人的な見解だ。

実はウーバーは、ライムへの投資の少し前、六月に、電気自転車サービスのジャンプバイクスも買収している。この事業買収も、競合であるリフトと、同時期に「争うように」行われた。ウーバーは、電気自転車サービスのジャンプバイクスを、リフトは競合のモティベート（Motivate）を、それぞれ買収したのである。ジャンプバイクスの買収に要した費用は、公表されてはい

*ユニコーン企業
未上場かつ時価総額10億ドル以上のスタートアップ企業。

ないが、2億ドルにのぼるとも言われている。

この事業展開からは、ウーバーの「車以外のライドシェアリングで米国内の覇権を広げよう」という野心が見てとれる。

ジャンプバイクスの買収は、乗客が各自、適切な選択ができる「マルチ・モード」のライフスタイルを支援する動きとされている。ジャンプバイクスをウーバーのアプリに統合することで、自動車から降りた乗客が、そのまま自転車に乗って移動することが可能となる。時間と曜日、道路やウーバーの混雑状況に応じて、移動手段の選択を行うことができるのである。

しかし、電気自転車と電動スクーターのシェアリングサービスは、まだまだ黎明期。行政の規制問題や、はたまた安全上の不安を抱えている場合もある。「公共交通手段をディスラプトする」というウーバーの事業革新スタイルは、果たして、便利で持続可能なエコシステムを構築することができるのか？

世界から熱い視線が注がれている。

ウーバーに「死角」はあるのか?

ここまで、さまざまな角度でウーバーのビジネスモデルを検証してきた。これまでのシリコンバレー発ベンチャーとは異なり、実際に既存産業をディスラプト(破壊)してきたウーバーの破壊力は、すごいと言わざるを得ない。

多くのリスクと法規制、既存産業からの圧力や嫌がらせといった多くの障壁を乗り越えてきた背景には、やはり多くのユーザーからの需要があった。

たとえばアップル。iTunesを通じて電子音楽の配信を行い、どこの町にもあったタワーレコードやブロックバスターといった店舗型のCDやDVD・ビデオ店を窮地に追いやった。同じように、技術が時代とともに進化するにつれ、より利便性の高いものを消費者が必要としていく。これは、時代の流れである。

しかし、その流れを変える旗手的な存在には、誰もがなれるというわけではない。カラニックやキャンプといった創業者の情熱と才能、そして信念がそれをまさに可能としてきたのである。

では、もうウーバーに死角はないのだろうか？　私は以下のようなリスクを抱えていると見ている。果たしてどうなるか、それはみなさんといっしょに見守っていきたい。

1．法的訴訟リスク

乗客や運転手からの集団訴訟。あるいはコンプライアンス違反による公的機関からの訴訟の可能性もある。

2．犯罪などによる客離れ

過去にも犯罪が起きるたびに、反対運動が世界のあちこちで起こっている。

3．採算性の悪化

現状のビジネスモデルで十分な収益性が担保されているとは言い難い。また訴訟費用や、敗訴の際の懲罰金などで一気に悪化する可能性もある。

4．競合に敗れる

全米のデータをもとにすると、リフトとの差はまだ「逆転可能」なレベルだ。

5. 買収した会社を巡るトラブル

中国の滴滴や、アジアのグラブなどに対しての買収。これが、何らかのきっかけで逆鞘に陥り、本体に影響を与える可能性も否定できない。

6. セキュリティ問題

過去には用途不明のデータ収集やタグ付けが問題になった。膨大な個人情報を管理するだけに、一度漏洩が発生すればコストは膨大になるだろう。

【コラム】>>>>>>>>>>>>>>> UberAirは実現するのか

二〇一八年八月、ウーバー・ジャパンは日本で記者会見を開き、衝撃的なプランを発表した。それは、自動車ではなく、電気飛行機（eVTOL）のライドシェアリング・サービスを行うというものである。その名も、「ウーバー・エア（Uber Air）」。まさに度肝を抜く新規事業だが、以前から噂はされていた。

実は、カリフォルニア州でまずは最初に開始したいというニュースは、今年前半に私の耳にも入ってきており、ついに始まるか、という期待感でいっぱいだった。日本での事業説明会では、ヘリポートを活用した事業例が紹介されており、CEOの意気込みが感じ取れたのも嬉しい。

ライドシェアリングでは、既存勢力と法規制に苦しめられたが、まったく新しい空の世界では、いったいどんな戦いがあるのだろうか？

米国では、「空飛ぶ」ライドシェアリング・サービスは急増している。その多くは「プライベートジェット版のウーバー」と呼べるようなサービスで、アプリで簡単にプライベートジェットを予約できるようになっている。

ただし、簡単といっても、それはあくまでも（高額の使用料を払える）富裕層にとってである。

試しに値段をチェックしてみたところ、ロサンゼルスからサンフランシスコ、あるいはラスベガスに行くプライベートジェット（6～8人乗り）でだいたい1万2000ドルほどのコスト。6人でシェアするとすれば、一人あたり、だいたい2000ドル。約20万円。ちなみに普通の飛行機だと安ければ70ドル、高くても300ドルほどで乗れるので、やはり富裕層向けのサービスだ。

ちなみにウーバーでロサンゼルスからラスベガスまでいくと、だいたい四時間、500ドル程度かかると言われている。一方、乗り心地の決してよくない長距離バスで移動すると、最安値でなんと5ドル以下というのもあるほどだが、休憩を挟んで5時間弱はかかるし、乗り心地も決してよいとは言えない。何よりそんなに便数が多くないので不便である。

自分で運転すると、満タン一・五回くらいのガソリン代と運転に拘束される分、疲労もある。もちろん事故や交通違反の可能性もある。これらがトレードオフになっているわけだが、正直、よほど急ぎのときや寝ながら移動したいという場合でもない限り、ウーバーを利用する距離ではない気がする。

充電池の大幅な進歩が必須とはいえ、飛行機のライドシェアリングが移動手段の選択肢の一つとなる未来は、そう遠くないのかもしれない。

UBER
UBER

第六章　ウーバー日本上陸

日本に「Xデー」はやってくるのか?

この最終章では、ウーバーと日本市場での今後について論じてみたい。法規制や既存タクシー勢力との攻防はどうなりそうか？　そして、そもそも市場に潜在需要はあるのだろうか？

この二つの論点を中心に、日本市場を、次の三つの視点から考えていく。

＊利用環境
＊日本特有の社会状況
＊労働環境

まずは、日本市場の利用環境についてだ。米国との比較を行いながら見ていく。第一章でご紹介したように、米国での重要キーワードは、タクシーの「料金」「アクセス（利便性）」「コミュニケーション」「清潔感」「安心感」などだった。では、日本ではどうなのか？

加えて、少子高齢化や過疎化など、日本特有の社会状況にも目を向けてみたい。というのも、それらを踏まえ、日本市場に埋もれている「消費者のニーズ」を適切に見極めた側に勝機がありそうだからだ。

ウーバーは米国において、消費者が抱える不満を巧みに解消するサービスを提供することによって、既存産業からシェアを奪うことに成功した。さらに、サービスを開始したのちも、常に消費者のニーズに耳を傾け、新プランの追加や微調整を重ね続けている。その力を日本市場でも発揮できるかどうかだ。

次に、労働環境について。高い「メダリオン」*を購入しなくても、誰でもタクシーを運転できるという雇用機会の創出は、ウーバーの持つ「革命」的要素の中でも最も意義が大きいものの一つだった。

米国において、既存のタクシー業界は、社会的困難に直面しやすい「移民」労働力に対して、大きな受け皿となっていた事実もあるのだが、私の体感では、ウーバーを運転している人の半分以上は、移民ではない普通の米国人のようだ。

すなわち、普通の米国人にとってそれまで選択肢にも上がらなかったよう

*メダリオン
ニューヨーク市で、タクシー業を営むために必要な営業許可証。過去数十年の間はメダリオンの発行数は限定されているため、その価格は上昇を続けてきたが、ウーバーなど競争相手の出現や、マンハッタン区以外で営業するグリーンキャブの導入が、メダリオンの需要減少を招き、価格は下落した。

な「職種」が目の前に現れたら、意外にも飛びつく人が多かった、ということだ。

ライドシェアリングのビジネスモデルが、労働の柔軟性を重要視した「働き方改革」を体現していたのだろう。そして、それを好む人、必要とする人が多かった。だから、利用者だけでなく、運転手も数多く集まったのだ。

仮に、日本で同じようなライドシェアリングのモデルが始まり、運転免許を持つほとんどの人に同様の権利ができた場合、運転手は増えるのか？　乗り手は増えるのだろうか？

米国でウーバーが成功した背景にあった他の要因についても、いくつかのデータを通して検証してみたい。

タクシー業界は働き方改革を推進
一方、タクシー運転手の経済の相対的立場は低下

特筆すべきは、二〇〇二年（平成一四年）の規制緩和である。タクシーの数量規制が廃止されたのだ。規制が廃止されたとなれば、車両の数は増えていきそうだ。実際、都内（特別区、武蔵野市、三鷹市）では、既存減車が膨らんだ分を新規増車が補い、結果、総量は増えている（図36）。

しかし実は、全国タクシー・ハイヤー連合が二〇一八年に発表した白書「Taxi Today in Japan 2018」によると、全国レベルではタクシー数が減少しているのだ（図37）。

このからくりは、同連合のたゆまない努力によって起こっていたようだ。車両増加による供給過多は、サービスの低下、道路混雑、運転者の労働条件悪化をもたらす。そこで、供給過剰を「是正」するように努めてきたのだ。

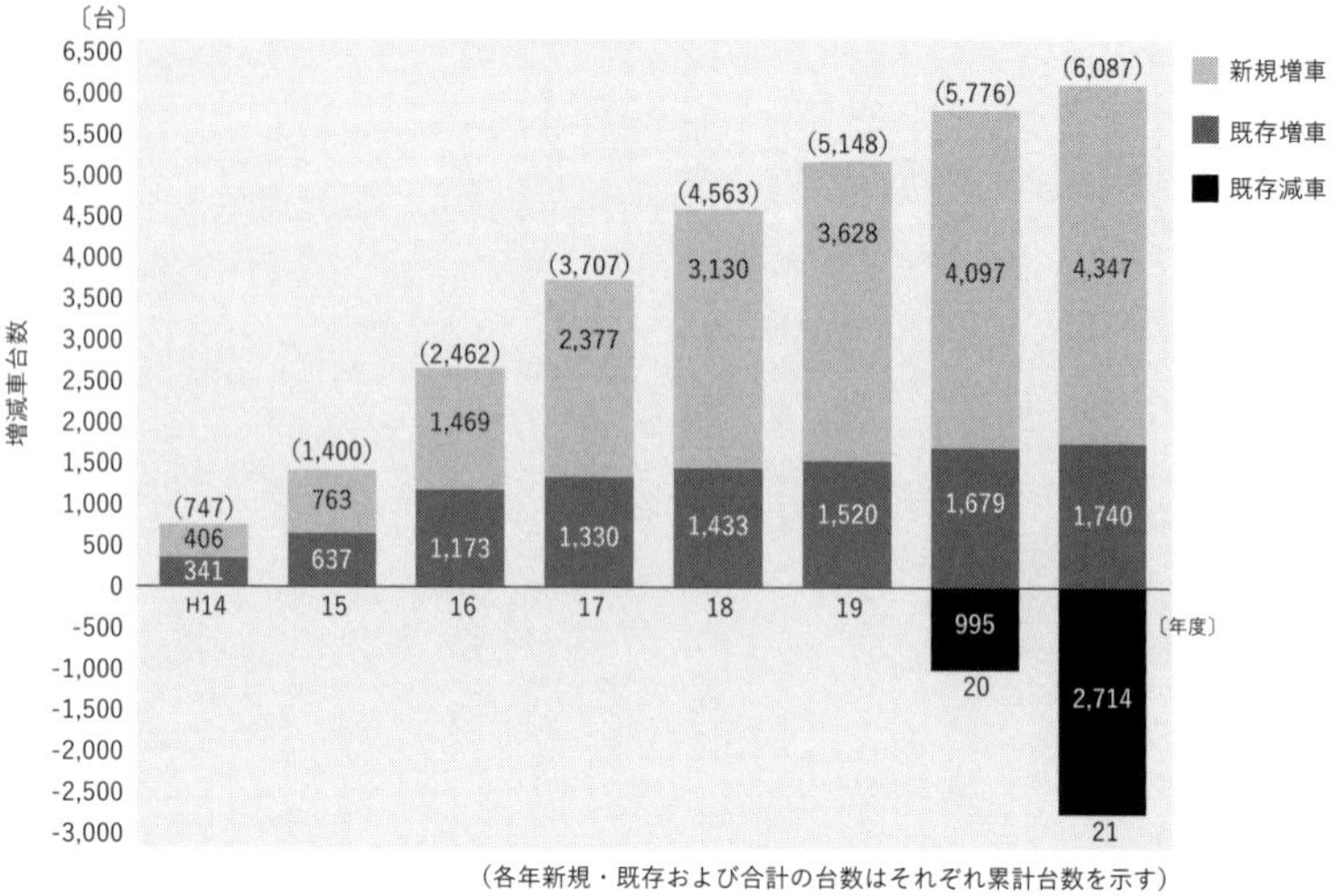

図 36　規制緩和後、都内一部地域でのタクシー台数の変化。総車両数は年々増加している

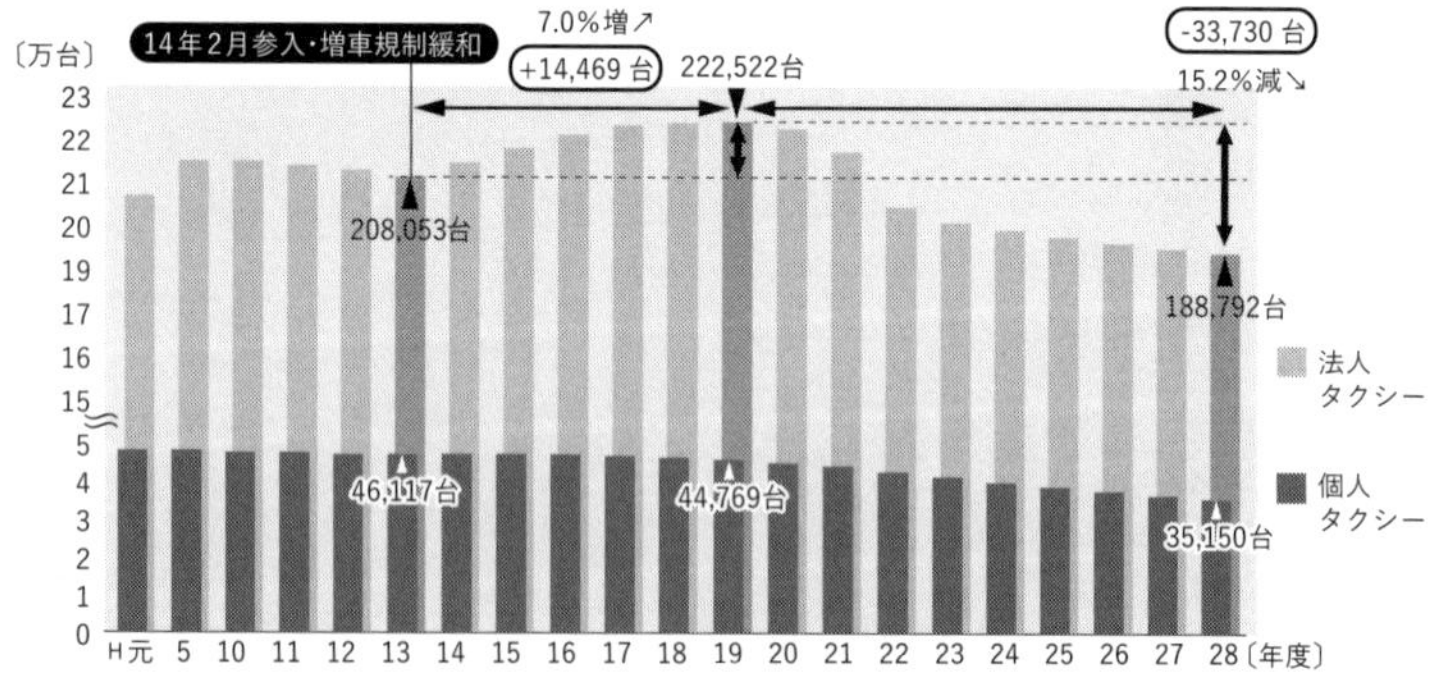

図 37　規制緩和後、全国のタクシー台数の変化。供給過剰が「是正」され、総車両数は減少している

この白書ではその他、乗り合いタクシーなどの需要細分化型の地域公共交通機関としての役割、インバウンド対策、ケア輸送サービスなどへの取り組みが紹介されている。また、昨今よく取り沙汰される「働き方改革」について、業界内で実現するためのアクションプランを策定している。

しかし、被雇用者である運転手の現実の労働環境についてはどうだろう。先日の日本出張時、都内でタクシーに乗ったときのことである。乗り込むと、若い女性が運転席に座っていた。景気やウーバーの話などをしながら、いろいろ話を聞いてみると、この会社は近年、新卒採用にも積極的なのだという。ふと窓の外を見ると、ちょうど同系列のタクシーが横を通りかかった。そのタクシーの運転手も、若いイケメン風の運転手だった。

確かに、新卒でタクシーの運転手をするのは、職業選択の自由として何も問題はない。しかし、私には違和感を抱く理由があった。

それは、一昔前に、タクシー運転手である父とした、ちょっとしたやり取りである。二〇代の新入りが入ってきたときのことだ。その彼のことを、他の運転手仲間とこう噂したそうだ。

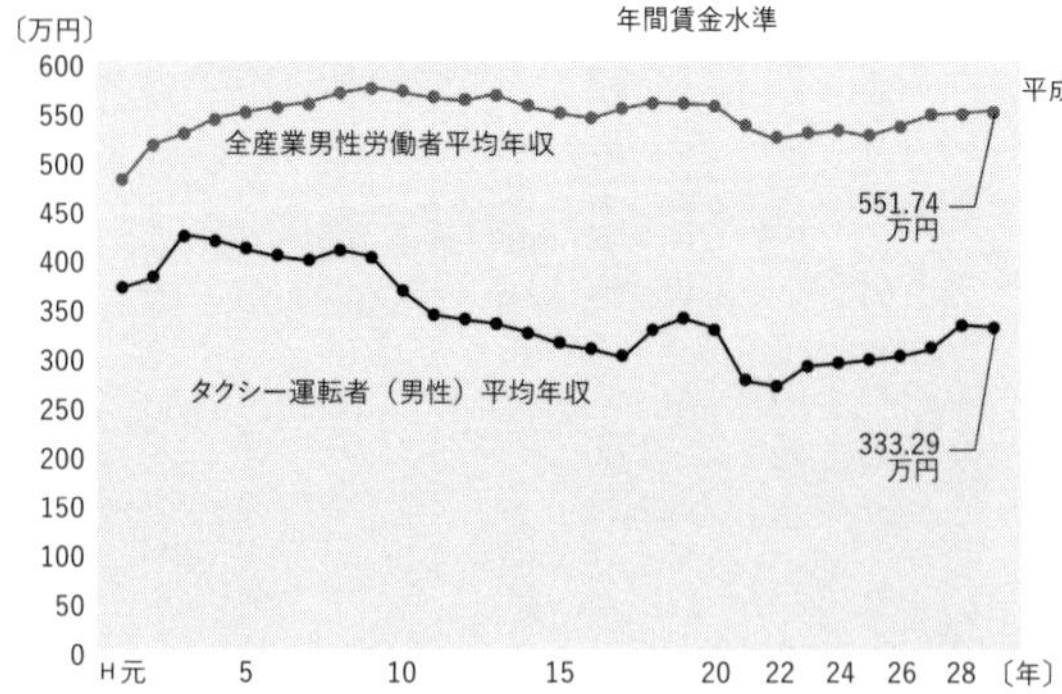

	全産業	タクシー
平成元年	479.53万円	370.63万円
5年	549.16	411.03
10年	569.68	367.16
15年	547.81	314.82
20年	550.39	326.32
22年	523.02	278.25
23年	526.76	291.19
24年	529.68	296.12
25年	524.10	298.02
26年	536.04	302.25
27年	547.70	309.76
28年	549.43	332.01
29年	551.74	333.29

図 38　年間賃金水準の推移。タクシー運転手の平均収入は、全産業平均年収の 60% 程度となっている

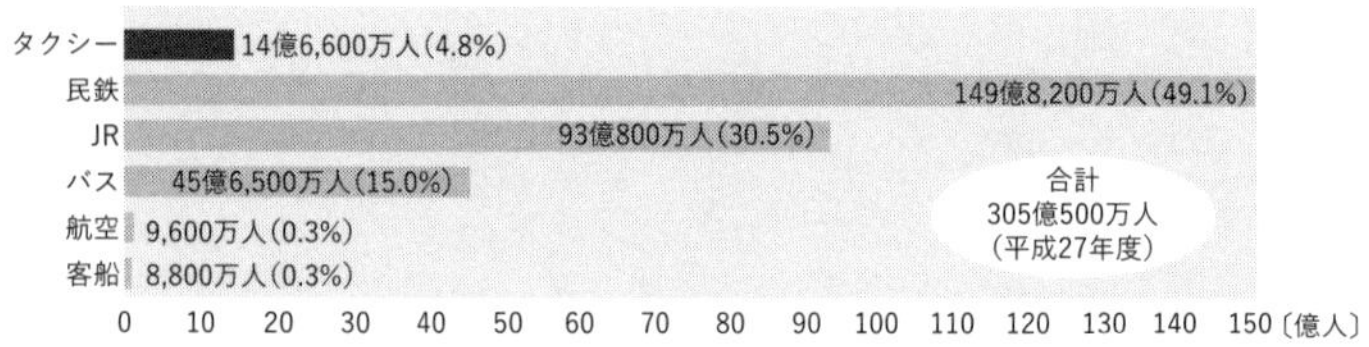

図 39　主な交通機関別の輸送人数。電車やバスと比べ、タクシー利用者は圧倒的に少ない

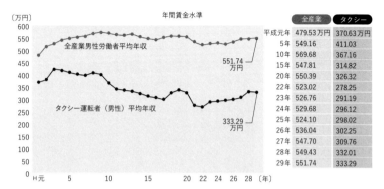

「若いのにタクシーの運転手になるなんて、まともじゃない」

もちろん、そう言っている彼ら自身が、運転手であり、日々タクシーで生計を立てているのだから、ある種の自虐ネタである。しかし、この会話が世相を反映したコメントであることは間違いない。

つまり、「自分たちの境遇が決して恵まれたものではなく、少なくとも社会的に高い立場にいない」という自己認識を持つ人たち、人生においてさまざまな問題に直面し他の行き場を失った人たちに、貴重な雇用機会を提供してきた、それがタクシー業界だったということではなかろうか。

これは、米国において、タクシー業界が移民の仕事の受け皿となっていた状況と似ている。


ちなみに、日本におけるタクシー運転手の現状について触れておこう。厚生労働省のデータによれば、月間労働時間平均は189時間（全産業平均は182時間）、年間賃金水準は333万円（図38）。男性労働者の年収平均である551万円と比べると、60％ほどになっている。規制緩和前の年間賃金水準の比率は、平成元年が77％（平均480万円に対して、370万円）、平成五年は75％（549万円に対し411万円）。近年、タクシー運転手の相対的な経済的立場は低下していると言っていいだろう。

国内タクシーのサービスは優秀
ウーバーが狙うは個人タクシー？

タクシー利用者にとっての利用環境

タクシー業界というのは、景気を敏感に反映する業界だ。国内経済が最も好調だった三〇年前のバブル期と比べると、営業収入も輸送人員も大幅に減少している。また電車やバスと比べ、タクシー利用者は圧倒的に少ない。都市部の公共交通機関が充実している日本の状況は、米国で発生していた「ラストマイル」問題の構図とは、根本的に異なる。

タクシーへの「アクセス」はどうだろうか？　思い出していただくと、第一章で説明したサンフランシスコの住民が抱えていた、従来のタクシーに対する最大の不満がこれだった。要は、必要なときに簡単につかまらないのだ。

しかし、これは少なくとも、日本の大都会では当てはまりそうにない。国内の大都市は、どこもタクシーで溢れかえっている。もちろん、混雑時につかまえるのに苦労することはあるし、タクシー乗り場に行列ができている時間帯もある。しかし、それは米国での「タクシーがつかまらない」というレベルとはまったく「別次元」とご理解いただきたい。

日米タクシー料金比較

利用料金については、どうだろうか。

たとえば、ウーバーを導入する場合、ガソリン代が大きく影響してくる。では、ガソリン代はどうなのか？　これは、日本車は比較的小型で燃費がいいとはいえ、やはり、米国のほうが断然安い。現状、ウーバーXは1・6キロあたり約1ドルという報酬設定になっているのだが、これを日本でやると採算が合わなそうである。

この事実を踏まえたうえで、日米のタクシーの値段を比較すると、日本のほうがやや安いというから、驚きである。詳しく見てみよう。

まず、米国のタクシーについて。実は、米国のタクシー料金は市単位で変わってくる（ガソリン代も州により大きく違う）。

全米の主要一五八都市の料金をリストアップしたタクシー料金比較サイトによると、テキサス州のアーリントン、カリフォルニア州のサンタロサ、カンサス州のオーバーパークの三つの都市は、なんと初乗りが10ドル！　かなりリッチな価格設定となっている。

ほかにも、ニューヨーク州のブロンクスのように、1キロあたり5ドル59セントという高水準の場所もある（ちなみに、一時間待たせるとだいたい20〜30ドルくらいなのだが、ロードアイランド州のプロヴィンスではなぜか100ドルもしてしまうから要注意）。

初乗り1キロの料金も都市部によって異なっている。軒並み1〜2ドル台なのだが、これらの料金は利用者側からは非常にわかりにくい。エリアによっても、会社によっても違うので、注意が必要。確認すべきである。

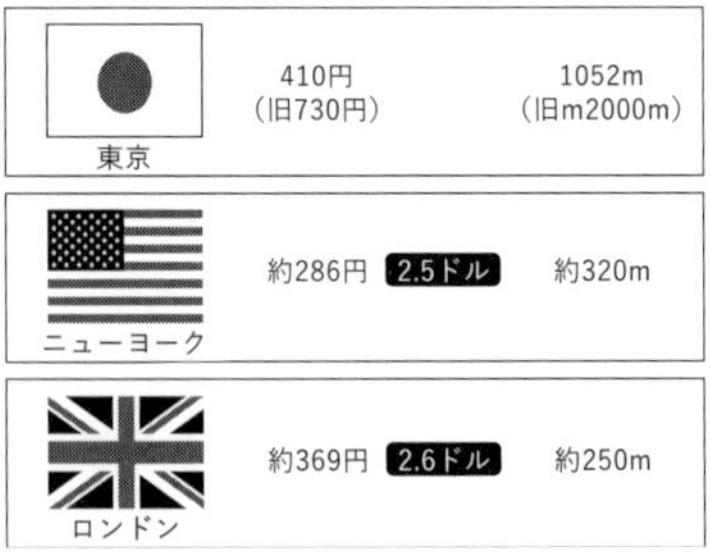

図40　日本、アメリカ、イギリスの初乗り運賃比較。日本の初乗り運賃は、価格は最も高いが、距離あたりの価格は最も安い

一方、日本のタクシーの会計は極めて明瞭。「ぼったくり」の被害に遭うというのも、いまや想定しにくい。また、初乗りについては、都心で初乗りを安くするサービスが始まった。新しい料金体系によれば、1キロで410円。雨が降ったときや遅刻しそうなときなどに最寄りの駅に駆け込む場合や、短い距離でも荷物があるとなかなか歩くことのつらい高齢者などのニーズに応えているようだ。

では、ウーバーXの料金についてはどうだろうか。ロサンゼルスを例に挙げると、一分24セント、1マイル（1・6キロ）あたり1・06ドルとなっている。これにサービスフィー（2・30ドル）が加わる。これならば、1キロ当たり2・1ドル、日本の料金よりも安いではないか！

だが、実際には最低料金が決まっている。二〇一八年九月末に行われた価格改定により、5ドルから7・3ドルへと上がってしまった。これだと、実質日本のタクシーより高いことになってしまう。

米国ではタクシーよりもかなり格安だとされてきたウーバー、価格競争では日本のタクシーに勝てそうもない。少なくとも、今の設定では。

もうひとつの選択肢「個人タクシー」

個人タクシーは運転手が個人所有する車両なので、個性が表れる。その個性が好かれる場合もあれば、年配で上から目線、ナビがついていない、カードやSuicaが使えないなどの理由で避けられることもある。ある意味、振れ幅が大きい。また、台数で言えば、タクシー全体の15％ほど。数や好みで言えば、やや「不安定」である。

この個人タクシー、国土交通省関連の公示においては、「一人一車制個人タクシー事業」と呼ばれている。現在これを管理する法律は、一九五九年というから長い期間据え置きになっている。そのため、二種免許を有しているのはもちろん、一般的には一〇年間無事故無違反など「厳しい条件を通過した、経験豊富なタクシー運転手」が独立するケースが一般的だ。

つまり、国内の個人タクシー運転手の大半は、年配のベテラン運転手ということになる。

そして、ポイントは、民間団体の個人タクシー協会が事業管理などを行っているが、基本「個人事業主」扱いだということ。この点、ウーバーが日本展開する別の狙い目にはならないものだろうか？　日本のサービスを知り尽くしている彼らを、ウーバーの運転手として取り込めれば、さぞ心強いことだろう。

車社会米国とペーパードライバーの多い日本

ウーバーのビジネスモデルの特徴は、乗客と運転手の双方が顧客だということだ。したがって、米国では、競合他社との競争の中で、運転手とその車をいかに取り込むかが重要なポイントとなっている。となると、そもそも車を保有し、運転する人がどれほどいるのか？　それが市場規模となる。

この点から、日本と米国を比較してみよう。

日米、車と運転免許の保有率比較

まずは、自動車保有率について。日本国内の自動車保有台数の総数は、乗用車で6125万台（図41）。これを対人口比とすると、おおよそ半分ほどとなる。台数は年々増加傾向にある。世帯数は約5000万世帯。対して米国。こちらは、登録自動車数は2・69億台。米国の人口は3・3億人、世帯数は約1億2600万世帯（二〇一七年度）。人口の80％という高い水準になっている。また、数字上は、一世帯あたり二台の保有となる。米国が車社会と呼ばれるゆえんは、このような数字を背景としている。

次に、運転免許を持っている人口はどのくらいなのだろうか。

警察庁が発行する運転免許統計（平成二六年度）によれば、日本国内では、男女合わせて8200万人となっている。これは、思いのほか高い数値だ。しかし、日本には「写真付きの公的な身分証が少ない」という特殊な事情がある。その身分証として運転免許を取得するという慣例が続いているので、実際にはペーパードライバーが多いのではないだろうか。

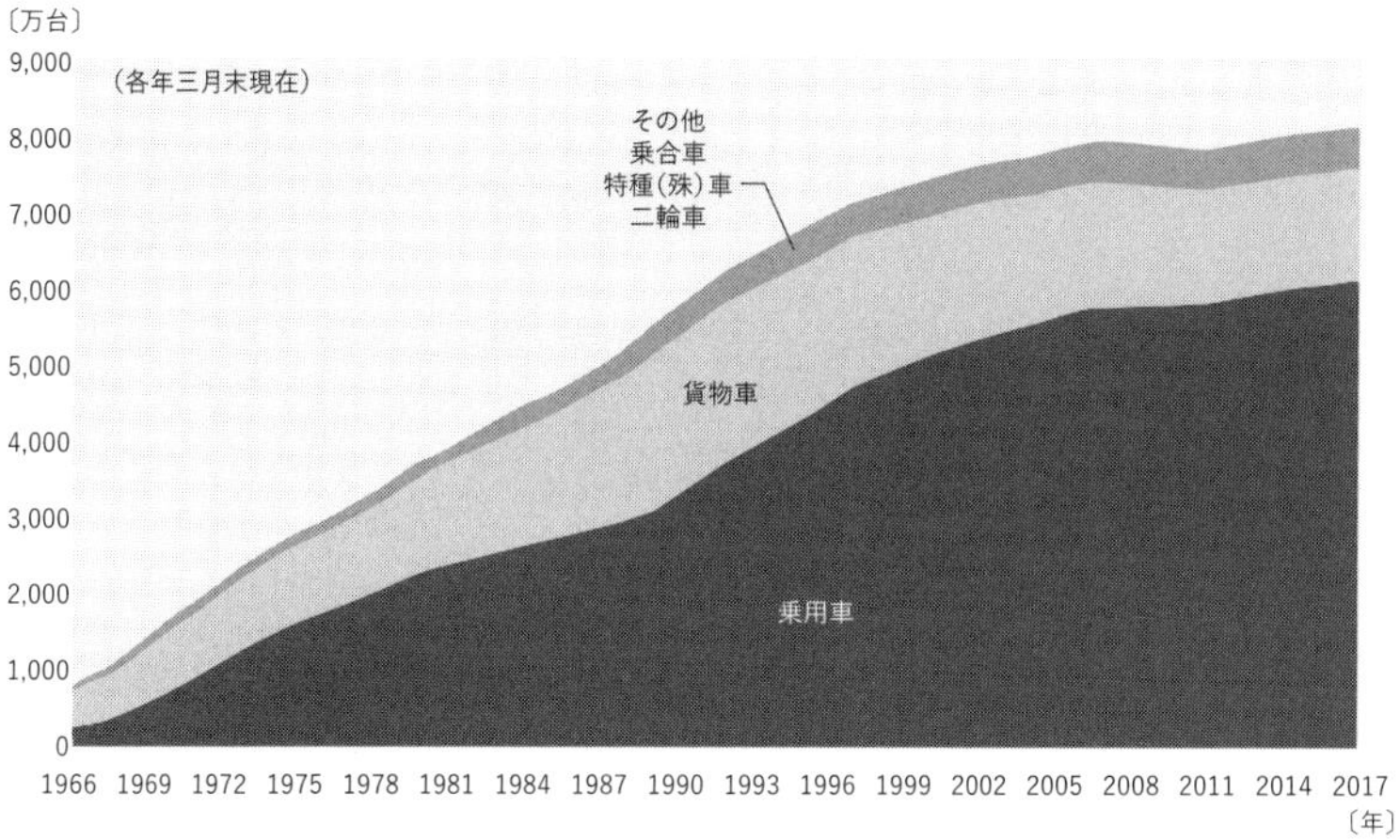

図 41　日本国内の車種別自動車保有台数の推移。対人口比にすると、おおよそ半分ほどとなる。台数は年々増加傾向にある

実際、マイナビが二〇一七年に発表したアンケートでは、男性の20%、女性の36・6%が自身をペーパードライバーに分類している。さらに言えば、公共交通手段の発達した日本において、毎日車を運転する人の割合は、大都市圏においては間違いなく米国より少ないだろう。

生涯運転時間の圧倒的な差が示す
ウーバーの潜在的運転手層の厚さの違い

米国では、免許を持っている人の数以上に車両が存在する。二〇一六年度の数字だと、米国にいる免許保持者の数は2・22億人。人口の三分の二だが、実際には運転免許を持てない一六歳(州により異なる)以下の人口が存在する。この人数というのは、免許取得が可能な年齢になったら、ほとんどみんな運転免許を取得するといっても差し支えないレベルなのだ。

たとえば、4000万人という全米最大人口を有するカリフォルニア州では、うち65%、2620万人に免許を発行している。州の人口統計によると、十七歳以下の未成年人口は916万人(二〇一八年度)。単純計算すると、運転免許を取得できる年齢に達しているのに保有していない人は、12％未満ということになる。実際、怖くて高速道路を走れない、長乗りができない、という人は見かけても、ペーパードライバーという人は滅多に見かけない。

また、免許の取得のしやすさという点にも留意したい。米国には、日本のような高価な教習所のシステムがないのだ。学科と実技試験にさえ受かれば、安価で簡単に免許が取得できる。カリフォルニアの場合、受験料は学科と実技含めてたったの35ドル。実技の再テストには追加で7ドルかかるが、ともに三度まで受験することができる。

免許人口からも明らかだが、生涯運転時間に関しても、明らかに米国人のほうが一般的に老若男女で運転に慣れている。これは、ウーバーの潜在的運転手層が途方もなく厚いことを意味している。

現在、ウーバーの規制で運転ができないのは、一〇代と、運転免許を取得して一年未満の者だけである。二〇一五年度に初めて実施された米国運転調査によると、一六歳以上の免許取得者の一日あたり走行距離は29・2マイル

（47キロ）、年間で1万658マイル（1万7000キロ）となっている。

日本で最も多い軽自動車は、ライドシェアリングに向くのか？

最後に、人気のある自動車の種類について。日本国内の車両は圧倒的に軽自動車が多い。軽自動車は、後部座席がかなり狭く、ライドシェアリング・サービスの普及には大きな障壁となりそうである。ちなみに、タクシー業界では、従来より大きめの車両への切り替えを促進中だ。

もっとも、アメリカでいちばん売れている車種の一つは後ろが荷台になっているピックアップトラック（余談だが、ビジネス・インサイダーが発表した二〇一八年度版米国で最も売れている乗用車とトラック、というランキングでは、なんと一位から三位までがトラックである）で、もちろんこれもウーバーには適していないが、見かけることはある。

ただ体型の点ではやはり日本人のほうが平均的に小柄である。そう考えると、軽自動車が普及していることは、そこまで大きな障壁にはならないのかもしれない。

国産アプリ、AI市場に可能性あり。ウーバーの「ミケランジェロ」とどう向き合うか

国産「配車アプリ」の趨勢

ウーバーが日本参入に苦労している間に、日本では続々と、タクシー配車アプリが誕生している。もともとタクシーの車両自体はたくさんあるのだから、それらをオンラインネットワークで繋ぐだけでも大きなヘルプになる。言語やナビゲーションという利便性の問題についても、国産サービスが進化することで対応できる可能性は十分にあるはずだ。

国内AI市場の広がりと可能性

ウーバーのサービスに、AIの活用が不可欠であることは、すでにさまざ

までに述べてきたが、それでは、日本国内でのＡＩの活用はどうなっているのだろうか？

ＮＴＴドコモは二〇一八年二月、タクシー会社向けのＡＩサービス「ＡＩタクシー」の提供を開始した。これは、タクシーの乗車需要をリアルタイムに予測するサービスだ。現在から三〇分後までのタクシー乗車の需要予測などのデータをリアルタイムに予測。そのデータがドライバーに、業務支援アプリを通じて、直接配信されるという。

配信に先駆けて行われた実験結果（二〇一六年六月～一七年三月、東京二三区、武蔵野市、三鷹市、愛知県で実施）では、被験者全体（26人）の平均値は、比較対象となったその他のタクシー運転手全体（東京無線の1万640人）に比べ、約一・五倍の売上を上げることができたそうだ。新人乗務員の教育ツールとして有効だっただけでなく、ベテランにとっても経験を補うことができていたという。

同様の企画が民放（ＷＢＳ）の番組で行われており、ご覧になられた方も多かったかもしれない。こちらでも、新人がＡＩのみを頼りに運転を行った結果、ベテランドライバーの一・七倍近い実績を出していた。これからますます広がる一途のＡＩ活用についての展望について、前述のHEROZ林隆弘社長はこう語る。

「ＡＩ革命はすなわち生産性革命です。これは未来を切り拓く成長戦略のキーワードであることは間違いありません。特に稼働率を高めるという点においてのＡＩ活用の事例はどんどん増えてきています。飲食店でもタクシーでも、美容院でもセラピストでも、稼働率が高いと総売上も伸び、結果、値段を安くすることもできます。消費者は常に安価を求めますので、そこに結びつけていく必要があり、それこそがビジネス成長の鍵を握るのです。

ウーバー社には評価や経路だけでなく、乗客と運転手、そして各地域に関する膨大なデータが蓄積されているはずです。これらのデータとアルゴリズムを強みとして、それをプラットフォーム化していくことが一つのビジネス基盤となるはずです。この点で、先日リリースされたミケランジェロには注目しています」

機械学習プラットフォーム「ミケランジェロ」

ミケランジェロ（Michelangelo）とは、ウーバーが独自開発している、自社向けの機械学習プラットフォームである。おもな利用者は、社内のエンジニア、ビッグデータ処理の専門家ら。このプラットフォームを活用することで、データの処理から、モデルの学習・評価・実装、予測、そして予測結果のモニタリングまで、必須ワークフローが標準化できるという。

ＡＩ企業では、このようなプラットフォームの構築が、副次的にビジネスを生み出し、競争力を向上させると考えられている。このような機械学習を結びつけた仕組みは、ＩＢＭはもちろんのこと、アップルやアマゾンでも構築されている。

垂直統合による囲い込みを主眼としたプラットフォーム戦略に対し、有効な対抗戦略が練れなかった日本は、ＧＡＦＡに代表されるアメリカのテックカンパニーの後塵を拝することになってしまったが、ＡＩの分野においてはどうだろう？　林氏は言う。

「これからＡＩ革命があらゆるところで起きてくるはずです。ＡＩは一次

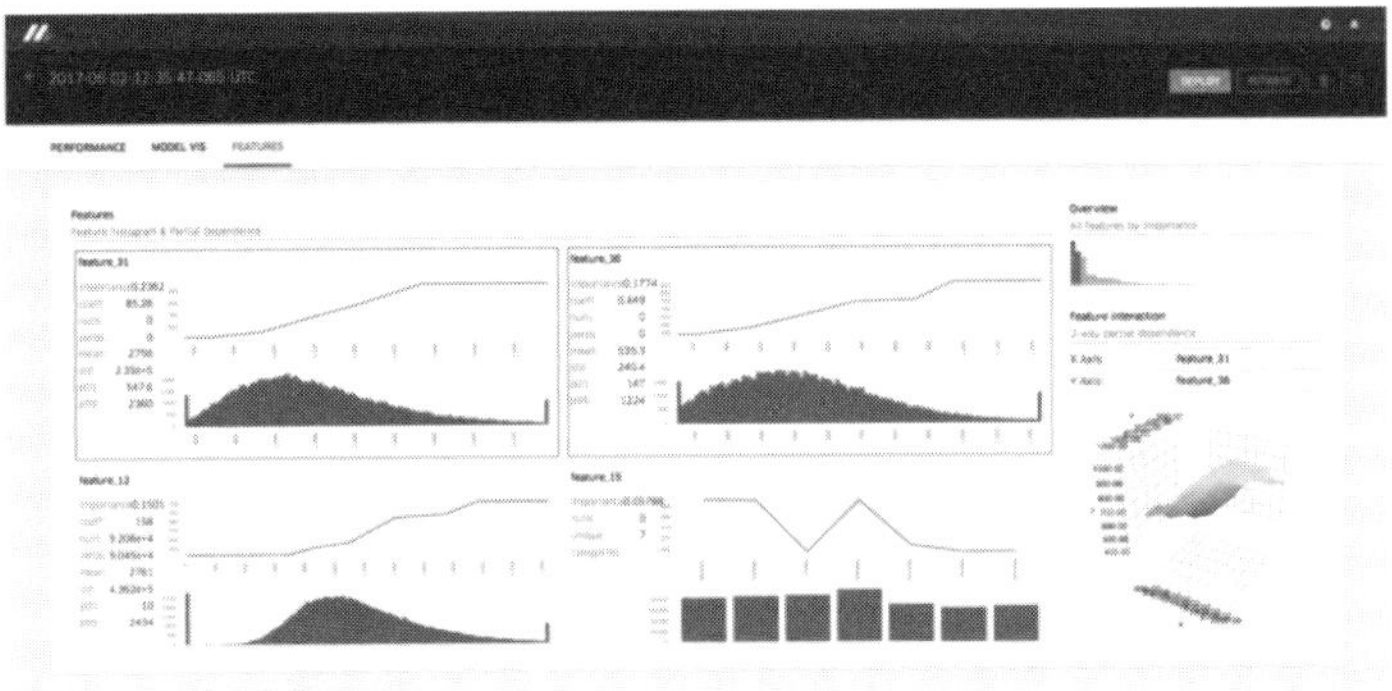

図 42　ミケランジェロの画面。ミケランジェロとは、ウーバーが独自開発している自社向けのプラットフォームで、社内のエンジニアやビッグデータ処理の専門家に使われている

産業、二次産業を問わず全ての業種に関係してきますので、市場の大きさは言わずもがな。大きなビジネスチャンスや雇用機会の創出が見込まれる分野です。現在、米国と中国が先頭を走っていますが、まだ日本もトップグループで生き残れるポジションにあるはずです。国力を上げる成長戦略のキーワードととらえて、官民一丸となって積極的にＡＩ活用を推進していくべきです」

福祉サービス進出に向けた、既存勢力との攻防

ここまで、おもにタクシー業界や車市場の状況から、日米の比較を行ってきたが、日本独自の施策が求められる日本特有の社会状況もある。その筆頭が、少子高齢化と、それに伴う地方都市の過疎化だ。

福祉としての活用

少子高齢化が進む日本で、ウーバーは高齢化と過疎化が進んでいるエリアを狙っていたようだ。それは、ウーバーが日本での事業展開を模索していた初期の頃、ある実験が計画されては中止されていたからだ。

一つは、福岡市で二〇一五年二月に開始しようとしたウーバーのライドシェアの実証実験「みんなのUber」。国土交通省の指導により中止。そしてもう一つが、二〇一六年二月に記者発表を開き、富山県南砺市で予定されていた無料送迎サービス。こちらは、地元タクシー業者との調整不足を理由に、三月には中止に追い込まれた。

ここに、日本でのライドシェアリングの可能性と、既存勢力の圧力・軋轢が見てとれる。富山県南砺市のプロジェクトに携わり、市長とウーバーの仲介役を務めた川向正明氏に詳しくうかがった。

川向氏によれば、日本では政府が条件付きで合法化する方針を示したことに、全国のタクシー事業者が猛反発していたという。

二〇一六年当時、東京では、すでにあるタクシー会社と共同でウーバーの配車サービスが実施されてはいた。しかし都市部では、国内のタクシーは常に飽和状態。さらに、政府がタクシーの参入や料金体制に対して強い規制をしている。これでは、新たにウーバーなどのシェアリング・サービスが参入する余地がない。世界では、シェアリングがすごい勢いで広がっていき、既存の勢力との軋轢が表面化してきているときであったにもかかわらず、だ。

富山県南砺市のプロジェクトも、その軋轢に立ち向かうことはできなかった。「どうしたらシェアリングができるか」という可能性を探るというよりも、「どうしても既存勢力を守ろう」という部分が強かったのだ。

そのため、安全性が担保されない、という理由を楯に、自家用車の有償運送は認められなかった。特区申請をしてシェアリングの実証実験を行う、という案もあったが、不特定多数の乗客に対する有償運送かどうか、という点がネックとなり、結局実現できなかったそうだ。

とはいえ、地方の過疎地には参入の可能性がある。過疎地での外出困難者を救済するという目的でシェアリングサービスを行うのだ。そして、シェアリングが、社会インフラとして必要であるという社会的意義を認めさせる。そうすれば、都市部へシェアリングを導入しても、十分にタクシーと戦える。

しかし、ウーバーは失敗した。相手国の法律を変えてまで参入する、というシリコンバレー独特のやり方が、日本では仇になったのだ。また、「既存勢力を守ろう」という圧力、国土交通省とタクシー業界からの反対も、思った以上に大きかった。ここをどう乗り越えるかがウーバーの日本展開の鍵だろう。

これを教訓にウーバーが打った次の手もある。

たとえば、京都府京丹後市丹後町。NPO法人「気張る！　ふるさと丹後町」を設立し、ウーバーのアプリベースのICTシステムを活用した「公共交通空白地有償運送」を行っている。二〇一六年五月末から運行を開始し、二〇一八年五月には、運行を開始してから二周年を迎えている。

川向氏はまた、地元で手がけているプロジェクトを例に挙げて地方での可能性について述べてくれた。

「私がコーディネートした富山県氷見市では、過疎の問題から路線バスの廃止問題に直面していました。今後、人口減少が進む日本では、地方自治体がコンパクトな行政運営を目指し、住民を街の中心部に寄せて行政サービスを効率的に行おうとしているのはわかります。しかし、お年寄りなどは生まれ育った土地をどうしても離れられず、いろんな不便さを受け入れながらも過疎地域で住み続けることを選択しているのです。当然そこには、交通の問題が大きくのしかかってきます。バスは当然、採算ベースに乗らないので、遅かれ早かれ路線がなくなります。

国の方針としては不特定多数の乗客に有償運送を認められないので、地元にNPOバスを走らせることを奨励していました。しかし今まで会社運営をやったことのない地元の人たちにNPO法人を設立してもらい（当然地方自治体のサポートはあるものの）あとの運用はほとんど任せっきりになっているのが現状です。

ここにシェアリングのサービスを持ってくれば解決するのですが、安全性が担保できないということで認められず、結果、私がサポートしていた地域でも、最初からNPO法人を設立して運用するコミュニティバスの設立が指導されていて、カーシェアリングが入り込む余地はありませんでした。

しかし地方の人口減少は今後ますます加速していくので、いずれ、NPO法人によるコミュニティバスの利用者減は避けられません。この人口減少の問題によるNPOバスの利用者減の問題があってからでないと、自家用車を活用した個人間の本当のカーシェアリングが議論されることはないと個人的には思います」

タクシー業界の福祉サービスへの参入の動き

タクシー業界も、この動きを黙っては見ていない。外資の出番を待つまでもないと、地元に密着した地方の民間タクシー会社も動き出している。行政とタッグを組み、先に述べたような問題解決を目指しているのだ。その一つの例が、大阪府大東市のオービーシータクシーだ。

二〇一八年一月二六日に、大東市東部地域乗り合いタクシーという試みがスタートした。大東市役所の利用ガイドによると、次のような仕組みになっている。

・運行ルートは予め決まっている
・利用する日の一週間前〜一時間前までに電話かＦＡＸでリクエスト可能
・地名に由来した経路が定められており、運行予定日は、週三回の平日、
　運賃は乗車距離によって設定されている

自宅まで迎えに来てくれるわけではない。所定の停留所で乗降車を行う。しかし、一度、利用者登録すると、二回目以降は予約が簡単になるのと、キャンセル料が発生しないというのは良心的な設定だ。途中下車はできないが、車椅子の方も利用できるように配慮されている（トランクに収まるサイズの場合のみ）。

それぞれの経路ごとに時刻表が定められており、見た目はバスのような運行形態になっているが、大きな違いは予約がないと運行しないことで、運転手も基本、専任が担当し、経路ごとの数字が大きく記載された専用の車両に乗っている。この乗り合いタクシー、地域の活性化と老人の引きこもり防止に大きな意義があるという。

タクシー業界はどこも、競争が激化し経営が逼迫している。新たな市場を開拓し、切実な需要を持つ方々にサービスを提供する、このような試みは、全国各地で行われるべきではないだろうか。そして、そこにライドシェアリングの可能性を見出すことができる。

東京オリンピックを機に、ウーバーのシェア拡大の可能性

二〇二〇年には、東京オリンピックが開催される。多くの外国人観光客が日本になだれ込んでくるだろう。日本政府観光局（ＪＮＴＯ）の推計によると、二〇一八年七月度の訪日外国人数は２８３万人超。七月度としては過去最高を記録。八月一五日時点で２０００万人を突破したとの発表もあり、過去最速で観光客が増えているようだ。二〇二〇年度の年間目標４０００万人も、射程圏内になりつつあるようだ。

外国人はいうまでもなく、私のような海外在住邦人まで含め、ウーバーが

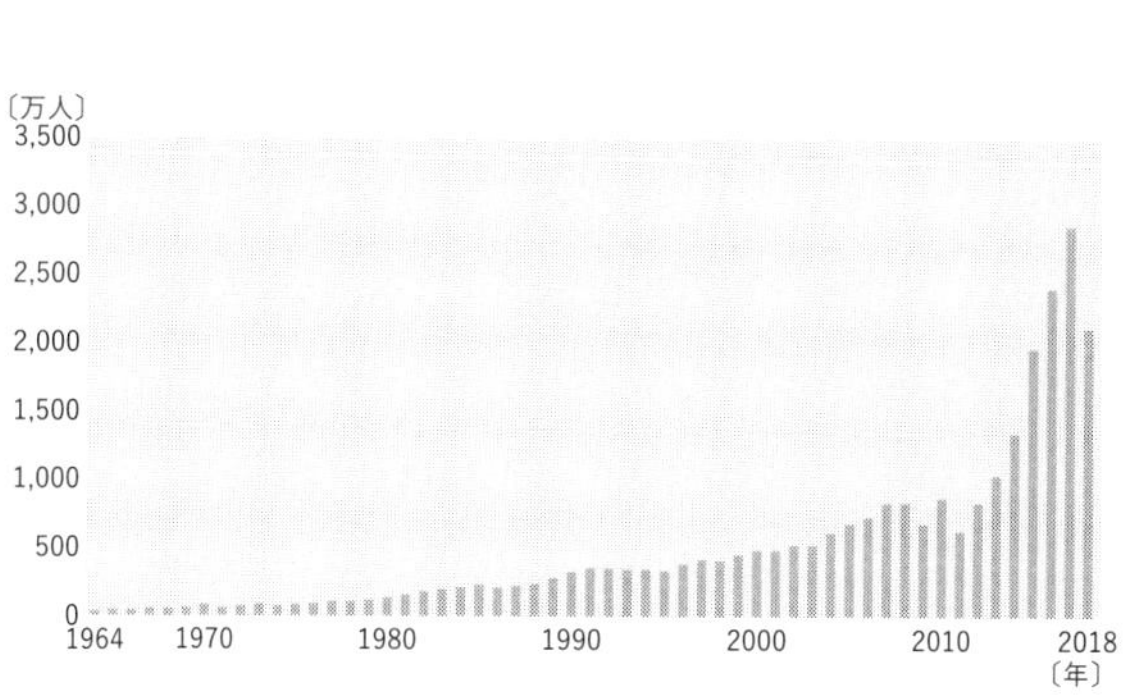

図 43　訪日外国人の推移（2018 年は 8 月までの暫定値）。2018 年は過去最速で観光客が増えているようだ

普及している国から日本を訪れる人々にとって、同じアプリと決済方法で配車を予約できるウーバーは、この上なく便利だ。現地通貨を持ち歩く必要もない。行き先を巡って、運転手と言語上のコミュニケーション・トラブルが発生するリスクも、格段に低い。

そして何より、日本を訪問する前に、わざわざ国産の配車アプリを検索して、インストールしていく旅行者もさほどいないだろうから、国産の配車アプリがいくら便利になったとしても、この点はどうしてもウーバーのほうに利があるとしか思えない。

増加する一方の中国版「白タク」違法行為

二〇一八年七月四日付の産経新聞が、警視庁は、外国人観光客を相手に無許可でタクシー（白タク）を営業したとして、道路運送法違反の容疑で、都内在住中国籍の男性を逮捕したと報じた。

警視庁交通捜査課によると、この男性はグループのリーダー格とされていて、そのグループの構成員は60人、グループ全体で約８０００万円を荒稼ぎしていたという。彼らは、海外のスマートフォンアプリの配車サービスなどを通じて直接（おそらく大半が中国人であろう）、海外在住の訪日客とやり取りして商売を行っていた。

活動を始めたのは前年の一〇月頃からというから、わずか九ヵ月ほど。違法ではあるが、まさに年商1億円レベルのれっきとした「事業」である。顧客単価は一回2～3万円というから、富裕層を対象にしていたのかもしれない。既存業界からしたら、とんでもないことである。

また、これに先駆けて、似たような事件が起こっていた。二〇一八年三月二一日、関西空港で、中国人観光客を相手に「白タク」行為をしたとして、中国籍の男女三人が大阪府警に逮捕されている。逮捕された容疑者らは、やはりスマホアプリを通じて客を集め、関空と大阪市内の間で送迎を繰り返し、一年間で1億円以上を売り上げていたとされる。

このように、ここのところ、日本国内における在日中国人による「白タク」が逮捕される事件が相次いで報道されている。二〇二〇年の東京五輪を前に、違法行為を排斥しようという意図は間違いない。

もちろん国内では「白タク」は法律で禁じられており、有罪となると「三年以下の懲役もしくは300万円以下の罰金」（道路運送法第四条及び第九六条）が科される可能性がある。ちなみに白タクと呼ばれる理由は、ライセンスプレートの色が由来だ。本来、国から営業許可を得ているタクシーのライセンスプレートは緑色。一方、個人のナンバーは白色。だから「白タク」。ちなみに米国では、一般的に違法タクシーのことを「ジプシー・キャブ」と呼ぶ。

一時大きくメディアを賑わせた「爆買い」。最近では少し収まり、「越境EC」と呼ばれる、国をまたいだオンラインストアが盛況のようである。しかし、これらのサイトの多くは、日本に存在する華僑経営の法人であり、日本人の間で話題になることはほとんどない。

資生堂やポーラ、SKⅡといった高級化粧品から紙おむつに至るまで、高品質の日本製品は、中国の富裕層の間で絶大な人気を博している。だからこそ、これらを求めに来る中国人は依然多い。ユニバーサル・スタジオができてからというもの、急激に中国人観光客が増えたのは、大阪に帰省するたびに体感するところである。

白タクを利用している中国人の大半は、富裕層だと思われる。彼らにとって、自国内での移動は自動車が基本。言葉や文化、また複雑な公共交通機関の利用方法などを鑑みて、そのまま言葉の通じる白タクを求めてしまう気持ちは理解できなくもない。また、これらのサービスは、正規のタクシーよりも安価。さらに「アリペイ（支付宝）」などの電子決済が利用できる点も人気の秘訣のようだ。

要は、輸送手段に関する需要は確実にあり、そこに国内産業が食い込みきれていないということ。違法車両を罰するのは当然だが、需要に応える正規のサービスが確立されない限り、いたちごっこになりかねないし、そもそも検挙が半端なく難しい。

また、本来は必要とされるレベルの保険に入っていない可能性もあり、せっかく日本を訪れてくれた観光客にリスクを負わせている可能性も否めない。これらを解決するための、何か抜本的なインバウンド*施策が必要な時期に来ているのかもしれない。

*インバウンド
「入ってくる」「内向きの」などを意味する言葉で、訪日外国人旅行客または訪日旅行を指す。日本では、二〇二〇年の東京オリンピックや二〇二五年の大阪万博に向けて、インバウンド向けの施策が求められる。

ウーバーの副次的なサービスで「かゆいところに手が届く」

ウーバーは、介護、スペイン語対応、忘れ物を届けるなど、副次的なサービスも多角展開している。その中でも、かなりメジャーになっているのが「ウーバー・イーツ」だ。日本では、もしかすると、ウーバーそのものよりも知名度があるかもしれない。ウーバー・イーツは、いわゆる「出前」のサービスで、日本でも多くの方が利用するようになり、需要があることがわかってきた。

これは、雇用の面でも可能性がある。日本には特区制度という便利な行政の仕組みがある。これをなんとかうまく活用して、「かゆいところに手が届く」サービスを提供することはできないものだろうか。地方に潜んでいる潜在需要の掘り起こしにも繋がる。

実際、そのニーズが既知のものであったとしても、市場規模がそれほど大きくないのであれば、企業がそれを事業として参入するのは採算性の問題から難しくなる。しかし、定年退職した方々、あるいはフリーターやフリーランサーの人々を含め、比較的時間に融通が利き、自分のリソースを自分が必要なときに現金化する仕組みに興味を持つ人は、全国津々浦々どこにでもいるのではないだろうか。

日本に「Xデー」は来るのか?

第五章で述べたように、ウーバーは、経営戦略も国と地域によって変える工夫をしてきている。ときには買収を試み、あるいは買収され、法的規制に打ち勝ったかと思えば、まんまと追い出しを食らってしまった場合もある。

しかし、二〇一八年時点でウーバーの時価総額は72億ドル（8兆円）と査定されている。株式市場では、リフトが一二月六日に二〇一九年の上場を発表したのを受け、IPOの手続きに入っている。

そして今、その筆頭株主の座についているのは「ビジョンファンド」、ソフトバンクグループ会長の孫正義氏がサウジアラビアと資本提携して運営している、巨大投資ファンドである。もちろん日本市場も狙っているはずだ。

しかし、果たして米国で成立した「課題解決」が日本で成立するのか？　そこに対しては、いくつかの観点で大きな障壁がある。ここまで述べてきたことの繰り返しになる部分もあるが、整理して述べておく。

真っ先に見えてくるのは法規制の問題だ。米国では、有償で不特定多数の人を乗せて運転する場合も日本の二種免許に該当するような免許を必要としない。このためにウーバーは拡大してこられたとも言える。では、日本ではどうなのか？　これすら、今後どうなるかわからない。

いうまでもなく日本のタクシー業界は多くのコンプライアンスによって成り立っている。運転手はみな試験に合格しており、日々の走行距離や売上、勤務時間を厳しく管理されている。

さらに、日本のタクシー・ハイヤー業界はこれまで市場からの信頼を勝ち取る努力を怠ってこなかった。たとえば、タクシー車両は会社のものであり、毎日終われば清掃するから、とてもきれいだし、マナーや服装などについても、厳しく指導されているから、得てして礼儀正しい。

第二に、雇用機会の問題がある。

日本でも米国でも、タクシー運転手というのは一般に高級取りをイメージされるような職種ではない、語弊を恐れずに言えば、むしろ、さまざまな理由でそれを余儀なくされた者たちが集う場という印象が強い。しかしそれでも、日本で、タクシーの運転手が問題を起こすという事件は滅多に発生しない。襲われたという事件のほうが圧倒的に多いくらいだ。

また、日本で運転免許を保持し、日常的に運転する者の人口比率は、米国のそれに比べると圧倒的に少ない。米国では免許を持っていないと言えば驚かれるが、日本では免許を持っていない人はざらにいるし、持っていても実はペーパードライバーというケースも多い。

米国でウーバーが市民権を得た一つには、実際に運転する人が多くいて、結果、大きな雇用機会を創出したからだ。ピア・ツー・ピアシステムのように、だだっ広い米国で、無数に広がる利用者のドットとドットを見事に繋いでいったのである。

では日本はどうかと言うと、まず日本の大都市でタクシーを拾うのに困ることはあまりない。少なくともタクシーを見かけないということはない。もちろん大通りでタクシーを延々と待った経験は私にも何度もある。しかしそもそもロサンゼルスでは流しのタクシーが存在していなかったのである。この違いは非常に大きい。

そして最後に、ウーバーが日本参入に苦労している間に続々と誕生した、タクシー配車アプリという競合たちの存在である。言語やナビゲーションという利便性の問題も、国内で対応できてしまう可能性があるからだ。

ウーバーがやってきた米国の土地柄と日本は大きくいろいろな点で異なっている。これらを乗り越えて、ウーバーや他のライドシェアリング・サービスは、日本国内で浸透することができるのか?

乗客側のマインドセットの問題として、セキュリティの不安が残るのは、いたしかたない部分でもある。昨今、物騒な事件が多いのもリスク要因だが、そもそも日本よりも多くの凶悪犯罪と多様な人種を抱えるアメリカで育まれたサービスから学べる点も多いに違いない。

最大の懸念とされるのは、レイプやストーキングといった性犯罪だ。実際には、これらに対する日本の処罰は米国と比べたらとんでもなく軽い。お隣韓国を見ると、盗撮問題に女性が奮起し、7万人ものデモが繰り広げられたのだが、日本ではどうだろうか？

もしかしたら、日本でも、もう少し罰則が重くなったほうがいいのかもしれない。特に、未成年保護の観点からこれは重要であり、オリンピック開幕までに、政府当局が躍起になって対処しようとしているのもうなずける。

最後になるが、本書は、ウーバーが日本に参入すべきであるかないかを論じることに主眼を置かなかった。なぜか？　それは「わからない」からだ。

その理由は、一つは、前半部分で述べたように、ウーバーの成立そのものが日本とは大きく事情が異なる米国で生まれたものであるということ。そして、もう一つは、ウーバーが入り込むきっかけとなるような課題、多様な市場ニーズに対して、日本の既存産業はもともと前向きな姿勢を見せていることだ。

新たなニーズに応えてくれるのなら、ライドシェアリングのウーバーだろうが、既存のタクシーだろうが、利用者側としてはどちらでもいい。

今後、ウーバーがどのように日本と関わっていくのか？　日本がどのように変わっていくのか？　もしくは変わらないのか？　はたまた、今までにない進化を遂げるのか？

本書を手に取ってくださったみなさまとともに、見届けていきたい。

あとがき

二〇一八年一〇月四日、「MONET Technologies」と題された記者発表会で、トヨタ自動車とソフトバンクが新たに共同でモビリティの新会社を設立することが発表された。その場でソフトバンクグループの孫正義社長は、「ライドシェアを『配車アプリ』と表現するのはまったくの見当違いで過小評価である」と発言したことが報じられた。私も同感である。

ウーバーに代表されるシェアリング・エコノミーについての記事や文献は多数ある。だが、その実態を把握して、網羅的にビジネスのエコシステムを検証するには、やはり米国で日常的にそれを利用する者で、かつテクノロジーも理解している者が望ましい。特にウーバーに関しては「運転手」側の視点にまで踏み込めないと、その全容を計り知ることはできない。
また図らずも、私の住むカリフォルニア州はライドシェアリングが全米で最も盛んな州である。

こうした観点から、テック系スタートアップがひしめくシリコンバレーにあって、「ディスラプト」の代名詞となるほどの衝撃を市場にもたらした、画期的なビジネスと評されるウーバーについてまとめたものが、本書である。独自の経験と視点に基づいて事業モデルを分析し、エコシステムの全容と各地で起きたその衝撃を示すようなニュースをできるだけ盛り込んだ。

シリコンバレーの世界はまさに栄枯盛衰が年単位で起こるダイナミックな世界である。ライドシェアリング・サービスの雄であるウーバーを取り巻く状況も当然、刻々と目まぐるしく変化している。それらについて網羅的に記述するのは困難な作業と感じた。ある程度のニュース性を持たせたいのは当然のことながら、情報の取捨選択についてかなり試行錯誤した。

Xデーが今後日本にやってくるのか、はたまた同業他社に買収されるのか、それとも何か大失敗してしまうのか、それはまだわからない。しかし、昨今のシリコンバレーでも稀有な成功を遂げたウーバーのビジネスモデルを検証し、そのサービス内容と実態が広く認知されていない国に住む読者に、実際のところを伝えるというミッションは、ある程度果たせたのではないかと思っている。

また、本書で試みたような知見の共有と分析が、日本から世界を席巻するような事業に携わる方々の一助となれれば、筆者冥利に尽きる。

最後に、本書は、六年ぶりにディスカヴァー・トゥエンティワン社より出版させていただくことになったもので、光栄にも前回同様、干場弓子社長自らが、編集チームを率いてくださった。ソーシャルメディアをテーマにした前回の二冊はあっという間の執筆だったが、今回は先に述べたような苦労に私的な事情も重なり、ずいぶんとお待たせしてしまった。申し訳なく思うと同時に、辛抱強く対応いただき、貴重なフィードバックと視座をご提供くださった干場社長及び、急ピッチな編集で尽力いただいた牧野類氏にお礼申し上げたい。

そして最後に、ロサンゼルスで取材や写真撮影に協力してくれた同窓の竹内康浩氏、並びに取材協力いただいたみなさまに、深く感謝の意を伝えて筆を置くこととする。

二〇一八年一二月

立入勝義

参考文献・出典

『UPSTARTS Uber と Airbnb はケタ違いの成功をこう手に入れた』（ブラッド・ストーン著 井口耕二訳 日経ＢＰ社）原題：The UPSTARTS —— Uber, Airbnb, and the Battle for the New Silicon Valley

『シェアリング・エコノミー Uber, Airbnb が変えた世界』（宮崎康二著 日本経済新聞出版社）

『エンジェル投資家　リスクを大胆に取り巨額のリターンを得る人は何を見抜くのか』（ジェイソン・カラカニス著 孫泰蔵（序文）滑川海彦・高橋信夫訳 日経ＢＰ社）

著者プロフィール

１９７４年、大阪府生まれ。米国在住歴20年。カリフォルニア大学ロサンゼルス校（ＵＣＬＡ）地理環境学部卒。日米間の事業開発とデジタル・マーケティングをおもに手がけるフリーランスのコンサルタント、作家。おもな経歴に世界銀行や米ウォルト・ディズニー、アライドテレシス。元さくらインターネット米国法人代表。元ＡＡＪＡ（Asian American Journalists Association）理事。主要著書は『ソーシャルメディア革命』（ディスカヴァー・トゥエンティワン）、『電子出版の未来図』（ＰＨＰ新書）など。四女の父。

ウーバー革命の真実

発行日　2018年12月30日　第1刷

Author　立入勝義

Book Designer　川添英昭

Publication　株式会社ディスカヴァー・トゥエンティワン
〒102-0093 東京都千代田区平河町2-16-1 平河町森タワー11F
TEL　03-3237-8321（代表）　03-3237-8345（営業）
FAX　03-3237-8323
http://www.d21.co.jp

Publisher　干場弓子

Editor　干場弓子＋牧野類

Marketing Group
Staff　小田孝文　井筒浩　千葉潤子　飯田智樹　佐藤昌幸　谷口奈緒美　古矢薫　蛯原昇　安永智洋　鍋田匠伴　榊原僚　佐竹祐哉　廣内悠理　梅本翔太　田中姫菜　橋本莉奈　川島理　庄司知世　谷中卓　小木曽礼丈　越野志絵良　佐々木玲奈　高橋雛乃

Productive Group
Staff　藤田浩芳　千葉正幸　原典宏　林秀樹　三谷祐一　大山聡子　大竹朝子　堀部直人　林拓馬　塔下太朗　松石悠　木下智尋　渡辺基志

Digital Group
Staff　清水達也　松原史与志　中澤泰宏　西川なつか　伊東佑真　倉田華　伊藤光太郎　高良彰子　佐藤淳基

Global & Public Relations Group
Staff　郭迪　田中亜紀　杉田彰子　奥田千晶　連苑如　施華琴

Operations & Accounting Group
Staff　山中麻吏　小関勝則　小田木もも　池田望　福永友紀

Assistant Staff　俵敬子　町田加奈子　丸山香織　井澤徳子　藤井多穂子　藤井かおり　葛目美枝子　伊藤香　鈴木洋子　石橋佐知子　伊藤由美　畑野衣見　井上竜之介　斎藤悠人　宮崎陽子　並木楓　三角真穂　川本寛子

Proofreader　文字工房燦光

DTP　アーティザンカンパニー株式会社

Printing　共同印刷株式会社

ISBN978-4-7993-2398-4